아이와 세상을 잇는
교사의 말공부

아이와 세상을 잇는

교사의 말공부

초판 1쇄 펴낸날 | 2021년 12월 23일
초판 2쇄 펴낸날 | 2022년 10월 14일

지은이 천경호
일러스트 정정혜(봉지)

펴낸이 홍지연
책임편집 이선희 | 편집 홍소연 고영완 전희선 조어진 서경민
디자인&아트디렉팅 책은우주다 | 디자인 전나리 박해연
마케팅 강점원 최은 신종연 | 관리 정상희

펴낸곳 ㈜우리학교 | 출판등록 제313-2009-26호(2009년 1월 5일)
주소 04029 서울시 마포구 동교로12안길 8
전화 02-6012-6094 | 팩스 02-6012-6092
홈페이지 www.woorischool.co.kr | 이메일 woorischool@naver.com

ISBN 979-11-6755-031-6 03370

아이와 세상을 잇는

교사의 말공부

천경호 지음

우리학교

다시 새로운 시작에 앞서

어릴 적부터 저는 교사가 되고 싶었습니다. 초등학교 시절, 친구와 사소한 일로 크게 다툰 후 화해하고 절친이 되었지요. 돌이켜보니 싸운 이유가 참 사소하게 느껴졌어요. 저는 나중에 선생님이 되면 사소한 일로 싸우지 않는, 마음 넓은 학생으로 가르쳐야겠다고 다짐했습니다. 하지만 어렵더군요. 발령 첫날 저랑 눈이 마주쳤는데도 제 눈앞에서 주먹을 날리는 두 아이가 제 험난한 교직 생활을 알려 주는 징조 같았어요.

책에서는 볼 수 없었던, 아니 책에서만 봤던 아이들을 현실에서 직접 만날 준비가 미처 되어 있지 않았습니다. 왜 그랬을까요? 저는 군대를 제대하고 복학하고 졸업하고 임용고시를 보고 교사가 됐어요. 누군가를 통솔해 본 적은 고작 군대 시절 분대장 경험이 전부였지요. 더구나 남중, 남고를 졸업한 제가 롤 모델로 삼을 만한 선생님의 모습을 떠올리기는 어려웠어요. 그 당시의 학교에서는 체벌과 욕설이 일상이었으니까요.

체벌이 아이를 스스로 움직이게 하지 못한다는 사실을 알았지만 저경력 교사 시절의 저는 참다 참다 결국엔 체벌을 선택했습니다. 체벌한 후 집으로 돌아오는 길은 언제나 마음이 무거웠지요. 교사로서 아이들의 마음을 움직이지 못하고 결국 체벌을 선택한 제 무능함 때문에 상처 입었을 아이들을 떠올리니 죄책감이 커져 갔어요. '절대로 체벌하지 말아야지'라는 다짐을 온전히 실천한 건 그 후로도 한참 후의 일입니다.

이후 저는 상담, 긍정심리학, 신경과학을 공부하며 인간을 바라보는 다양한 시선을 접했어요. 지시와 명령보다는 대화를 하려고 노력했고, 말하기보다는 먼저 들으려고 했습니다. 제가 제 마음을 잘 모르듯이 아이들도 자신의 마음을 잘 몰랐습니다. 아무도 묻지 않았기에 자기 마음을 들여다보지 않았고, 들여다보지 않았기에 더더욱 자기 마음을 모를 수밖에 없다는 걸 그제야 깨달은 거지요.

궁금했습니다. 아이들의 생각이. 어떤 생각을 하는지 궁금했기에 물어보았습니다. 묻는다고 자기 마음을 술술 말해 주는 아이는 많지 않았지요. 바둑을 두듯 한 수 한 수 앞으로 나아가며 아이들의 마음을 이리저리 들여다보려고 노력해야 했습니다. 제가 지시하기보다 아이들이 선택하도록 노력하고, 교사라는 권위로 명령을 내리기보다 똑같은 사람으로서 아이들에게 부탁하려고 했어요. 제가 먼저 아이들에게 이야기한 대로 살아가려고 노력하고, 그 노력을 아이들에게 전했습니다. 매일 한 쪽 이상 책을 읽고, 한 줄 이상 글을 쓰고, 한 번 이상 운동을 하고, 한 가지 이상 좋은 일을 실천하는 것. 그 작지만 사소한 노력이 쌓이고 쌓이면 최소한 지금의 저보다 훌륭한 사람으로 성장할 것이라고 이야기했지요. 이 작은 삶의 목표를 저는 어른이 되어서야 비로소 실천하기 시작했으니까요.

오래전 제 소개 글을 이렇게 썼습니다. '아이들이 어디에 가건, 언제 나가건 안심할 수 있는 세상을 만드는 것이 꿈입니다. 아이들을 저보다 훌륭한 사람으로 성장하도록 돕고자 합니다. 그것이 제 스승께 배운 가르침입니다.' 꿈이 무엇이냐는 질문에 좋은 대학, 좋은 직장을 떠올리기만 했던 저는 언젠가 '이 세상에 비참이란 두 글자를 없애고 싶다'가 꿈이라는 글을 읽고 크게 감명을 받았지요. 꿈이란 도달해야 할 어떤 자리나 직업이 아니라, 삶이 지향해야 할 어떤 방향이 아닌가 싶더군요.

교사가 되고도 오랜 시간이 흘러서야 모든 아이가 바라는 게 하나 있다는 것을 알게 되었습니다. 언제든 어디든 친구와 함께 하고 싶어 하는 아이들의 마음을요. 그리고 아이들이 더 나은 사람으로 성장하고, 서로 안심하고 함께 어울릴 세상을 꿈꾸게 되었습니다.

저 혼자 이런 꿈을 꾼다고 제가 바라는 세상이 오지는 않겠지요. 그래서 해마다 제가 만나는 아이들에게 제 꿈을 소개했습니다. 그 꿈을 이루기 위해 더욱 건강해져야 하고, 더욱 훌륭해져야 한다고. 가까이 있는 사람을 소중히 여기고 함께 행복한 삶을 살아가야 한다고 이야기했습니다.

교육의 목적이 학생의 행복이라면, 그 행복이 삶의 마지막까지 이어지게 하려면 같은 꿈을 가진 사람들을 한 사람이라도 더 많이 만들어야겠다는 생각으로 이어졌지요. 무엇보다 아이들에게 필요한 건 내 앞에 서 있는, 관심을 가지고 내 이야기에 귀 기울여 줄 선생님이니까요. 아이들 곁에 부모가, 교사가, 친구가 더 많아지면 좋겠습니다.

2020년에 어느 고등학교 선생님께서 『마음과 마음을 잇는 교사의 말공부』를 아이들과 함께 읽는 독서 모임을 하셨습니다. 학생들과 나눈 소감을 하나하나 읽으며 부끄러운 제 교실 이야기를 용기 내어 소개한 의미가 여기 있구나 싶었지요. 지금껏 이 책이 많은 선생님께 사랑받은 이유도 마찬가지라고 생각합니다. 이제 다시 『아이와 세상을 잇는 교사의 말공부』를 펴내는 마음 또한 같습니다. 아이들과 함께 하루하루의 일상을 쌓아 가는 모든 선생님의 노력에 지지 않도록 저도 더욱 노력하는 교사가 되겠습니다. 고맙습니다.

교사 천경호

차례

2부 세상을 꿈꾸는 너에게

3부 다르지만 특별한 너에게

4부 아이와 함께하는 당신에게

대단해

일러두기

1. 이 책에 등장하는 아이와 교사의 이름은 모두 가명입니다.
2. 본문에서 색 글씨는 아이, 동료 교사나 학부모의 말이며, 검은색 글씨는 저자의 말입니다.

1부

열심히 살고 있는 너에게

어떤 사람이 되고 싶어?

준서야, 무슨 일 있니?

아뇨.

무슨 일인데? 너 표정이 어두워 보여서 그래.

아니에요. 괜찮아요. 선생님

알았어. 누가 너 괴롭히거나 그러면 꼭 말해 줘야 해.

저기…… 선생님, 확실한 건 아닌데요. 병민이가 저 따돌리는 거 같아요.

어떻게?

제가 누구한테 말하려고 하면 걔를 데려가서 저랑 이야기하지 말라고 하나 봐요.

진짜? 누가 그래?

민형이가요, 병민이가 자기한테 그렇게 말했다고 그랬어요.

그래, 알았어.

얘들아!

네!

톨스토이의 세 가지 질문 생각나니?

네!

아니요!

기억나는 사람 말해 볼래?

가장 중요한 때는 지금이고, 가장 중요한 사람은 지금 내 옆에 있는 사람이며, 가장 중요한 일은 지금 내 옆에 있는 이에게 선을 베푸는 것이다.

그렇지. 멋지다. 가장 중요한 일이 뭐라고?

지금 내 옆에 있는 사람에게 선을 베푸는 거요.

누구를 만나도 사이좋게 지내는 사람이 행복할까? 누구를 만나도 싸우는 사람이 행복할까?

누구를 만나도 사이좋게 지내는 사람이요!

사이좋게 지내는 게 쉬울까?

네!

아뇨!

지금까지 친구나 부모님이랑 한 번도 안 싸운 사람 있니?

어떻게 안 싸워요? 우리 엄마 아빠도 싸우는데.

그러게. 어른들도 싸우는데 애들도 더 자주 싸우겠지. 그렇지?

네!

사이좋게 지내려면 어떻게 해야 해?

서로 양보해야 해요.

배려해야 해요.

양보나 배려는 자신을 위한 거야? 남을 위한 거야?

남을 위한 거요.

양보하고 배려해서 사이가 좋아지면 결국 누구를 위한 일이기도 한 거야?

자신이요?

그렇지. 남을 위한 일이 곧 누구를 위한 일이야?

자신이요!

그럼 남을 미워하고 이간질하면?

이간질이 뭐예요?

음…… 선생님이 너한테 병민이 욕하면서 같이 놀지 말라고 하면 너는 누구랑 사이가 나빠질까?

병민이요?

응. 그렇게 친구랑 사이가 나빠지게 만드는 걸 이간질이라고 해. 이간질은 남을 위하는 거야? 자신을 위하는 거야?

아무한테도 도움이 안 되는 거 아니에요?

그렇지. 서로 계속 싸우게 될 테니까. 그런 일을 하는 친구가 있으면 어떻게 해야 해?

말려야 해요!

너희들은 안 그럴 거지?

왜 안 돌아봤을까?

고개 왼쪽으로. 하나, 둘…….

킥킥…….

야, 이거 봐라.

고개 앞쪽으로 숙이고. 하나, 둘…….

야, 저기 봐.

어디 어디.

고개 뒤로 젖히고. 하나, 둘…….

야, 너 똑바로 해. 장난치지 마.

왜?

바로. (아이들 웅시) 선생님이 왜 안 돌아봤을까?

뭘요?

선생님 뒤에서 선생님 따라 하고 있었어? 장난치고 있었어?

장난이요.

선생님이 몰랐을까?

아뇨. 알았어요.

근데 왜 뒤돌아서서 똑바로 하라고 말하지 않았을까?

몰라요.

선생님이 마주 보고 있었다면 장난쳤을까?

아뇨.

그럼 너희는 선생님이 안 보면 장난치는 사람인 거야?

아뇨!

그걸 어떻게 알아?

…….

안 봐도 열심히 할 수 있어?

네.

믿어도 되는 거지?

네!

그래. 기대할게.

화가 나도 안 때리는 사람이 될 수 있지?

어디 가니?

손 씻으려요.

어서 와서 씻어.

네.

비누칠 안 해?

네? 물로 씻으면 돼요.

안 돼. 비누칠해야 해. 그렇지, 주현아?

에이…… 이야! (탁, 탁)

아야. 주현이, 선생님을 왜 때려?

그냥요.

그냥?

네.

사람을 그냥 때려도 돼?

아뇨.

때리면 안 되는 거 알고 있어?

네.

또 때릴 거야?

아뇨.

약속할 수 있어?

네.

그냥 때려도 안 되는 거야. 그럼 밉다고 때려도 될까?

네?

네가 싫어하는 사람을 때려도 되냐고.

아니요.

어떤 일이 있어도 사람을 때리면 될까? 안 될까?

안 돼요.

안 때릴 수 있지? 화가 나도 안 때리는 사람이 되려고 학교에 오는 거야. 왜 학교에 온다고?

화가 나도 안 때리는 사람이 되려고요.

할 수 있지?

재랑 같은 반 하기 싫어

선생님, 재석이가 학습지 찢어요.

괜찮아. 재석이는 찢고 싶은가 봐.

선생님, 재석이 계속 종이 접어요.

그렇네. 재석이 계속 종이 접고 있구나. 재석아, 계속 종이 접을 거야?

네.

그렇구나.

나는 쟤랑 같은 반 하기 싫어.

나두, 나두 안 할 거야.

너 나랑 2학년 때 같은 반 하자.

재석아. 친구들이 너랑 같은 반 하기 싫다는데 괜찮아?

네, 괜찮아요.

수업 안 듣고 종이 접어서 싫대. 그래도 계속 접을 거야?

아니요.

종이 어떻게 할 거야?

버릴 거예요. (뚜벅뚜벅, 휙) 됐죠?

그래. 잘했어. 이제 종이 접는 건 수업 끝나고 할 거야?

네.

그래. 멋지다. 얘들아, 봤어? 재석이가 종이접기 어떻게 했어?

버렸어요.

그럼 이제 뭘 하겠다는 거야?

공부요.

재석이도 너희가 싫어하길 바라는 거야? 좋아하길 바라는 거야?

좋아하길 바라는 거예요.

그럼 이제 재석이랑 같은 반 하고 싶어?

아뇨!

왜? 왜 싫어?

또 장난칠 테니까요.

다음에도 장난 대신 공부하면 같은 반 할 거야?

봐서요.

재석아. 친구들이 재석이 노력하는 모습이 좋은가 봐.

왜요?

재석이 노력하는 모습이 계속 보고 싶대. 할 수 있어?

힘들어요.

그 힘든 걸 해내는 재석이가 멋질까? 포기하는 재석이가 멋질까?

해내는 재석이요.

그래, 친구들은 그 힘든 걸 해내는 재석이가 멋져서 좋아하는 거야. 할 수 있지?

친구들이 신경 쓰인다는데 어떻게 할 거야?

(부스럭부스럭) 왜요? 뭐요?

친구들이 너를 쳐다보길래 뭐 하나 본 거야.

(부스럭부스럭)

야, 그만해.

선생님, 시끄러워서 집중이 안 돼요.

그래? 현민아, 친구들이 네가 비닐봉지 부스럭거리는 게 신경 쓰인다는데 어떻게 할 거야?

이게 왜요!

네가 비닐봉지 부스럭거리는 소리가 신경 쓰여서 수업에 집중하기 어려운가 봐.

근데요?

친구들이 불편해해도 계속할 거야?

네!

부스럭거리는 소리가 싫은 사람?

저요!

저요!

저요!

친구들이 전부 싫어하는데도 계속할 거야? 아니면 친구들을 위해서 그만할 거야?

그만하면 되잖아요. 에이*.

훌륭하다, 현민아.

뭐가 훌륭해요.

맞아요. 뭐가 훌륭해요?

자신만 생각하면 계속하고 싶을까? 그만하고 싶을까?

계속하고 싶겠죠.

그런데 누굴 생각한 거야?

저희요? 그건 선생님이 시키신 거잖아요.

내가? 내가 그만하라고 했어? 아니면 현민이가 결정한 거야?

현민이요.

그래서 현민이가 대단한 거야. 자신보다 누굴 더 생각한 거야?

저희요.

그래, 남도 생각할 줄 아는 사람이라서 훌륭하다고 말한 거야. 어때? 현민이 훌륭한 거 맞지?

거짓말은 누구부터 속여야 할까?

선생님! 돈 찾았어요?

아니, 못 찾았어.

그럼 누군가 계속 거짓말하고 있는 거네요.

그렇겠지.

진짜 나쁘다.

도대체 누구야?

왜? 서로 의심하는 거야?

찾아야죠.

뭘 찾아?

범인이요.

범인을 어떻게 찾아?

물어봐야죠.

물어보면 내가 가져갔다고 말할까?

…… 아뇨.

거짓말하는 걸 우리는 왜 모를까?

속이니까요.

어떻게 속여?

거짓말
거짓말
거짓말

안 가져간 척하잖아요.

안 가져간 척하려면 누구부터 속여야 해?

누구부터요?

가져갔는데 안 가져갔다고 생각하는 건 누구를 속이는 거야?

자신이요.

그래. 그럼 거짓말은 누구부터 속이는 거야?

자신이요.

자꾸 자신을 속이면 결국 자신을 믿을 수 있을까?

아뇨.

자신도 믿을 수 없는데 남을 믿을 수 있을까?

아뇨!

너희는 믿을 수 있는 사람이 되고 싶어? 믿을 수 없는 사람이 되고 싶어?

선생님이 형이에요?

선생님!

응, 뭐 궁금한 거 있니?

내일 진짜 와요?

어딜 와?

내일 학교에 오냐고요.

내일 쉬는 날이잖아.

아니요. 저희 말고요. 내일 진짜 부처님 오시냐고요.

부처님?

네. 애들이 그러는데 내일 학교에 부처님 오신다고 저희는 학교 안 온다던데요?

어…… 내일은 부처님 태어나신 날이야.

그럼 안 오세요?

응, 안 오셔. 그리고 오시는 날이 아니라 오신 날이라고 하는 거야.

오신 날이 뭐예요?

엄마 배 속에 있다가 세상에 나오신 날을 줄여서 오신 날이라고 해.

그럼 생일을 오신 날이라고 하는 거예요?

그렇지.

그럼 선생님 오신 날은 언제예요?

어…… 부처님보다 조금 빠르지.

그럼 부처님보다 선생님이 형이에요?

가까우니까 허락을 구해야 해

에이, 씨**끼야. 죽을래?

뭐? 이 개**가.

뭐라고? 방금 너희 뭐라고 했어?

쟤가 저보고 꺼지라고 하잖아요.

야, 니가 먼저 내 물건에 손댔잖아!

잠깐. 떨어져. 어서!

뭘 봐! 죽을래?

그만! 둘 다 선생님 따라와. 순욱이가 선생님 앞에 서고, 기영이가 뒤에 서. 연구실로 가자.

순욱이는 거기, 기영이는 저기 앉아. 물 마실래?

아니요!

욕하니까 속이 시원해?

아니요.

그럼 어떻게 해야 너희 속이 시원할까? 싸우고 나면 마음이 편할까?

…….

싸우면 편해질 것 같아?

아뇨.

그럼 어떻게 해야 너희 마음이 편해질까?

그걸 어떻게 알아요?

순욱이는 기영이가 미워?

네!

야, 나도 그래.

기영이도 순욱이가 밉구나.

네!

학교가 지옥 같겠다. 그치?

네!

순욱이는 왜 기영이가 미워?

기영이가…….

니가 먼저…….

잠깐, 순욱이가 다 말한 후에 기영이에게 시간을 줄게. 기다려 줄 수 있지? 자, 말해 줘.

기영이가 자꾸 제 허락도 없이 제 물건에 손을 대잖아요.

허락도 없이 네 물건에 손을 대서 화가 난 거야?

네!

기영이는 순욱이에게 허락받았어?

아뇨. 아니, 친구끼리 그런 걸 일일이 허락받아야 해요?

선생님은 선생님 아들딸 휴대폰도 허락받고 만지는데?

네?

가까울수록 더 조심해야 존중받는 느낌이 들거든. 그런데 너는 순욱이를 존중한 거야?

…….

네가 허락을 구했으면 순욱이 기분이 나빴을까? 좋았을까?

좋았겠죠.

다음부터는 순욱이에게 허락받고 만질 수 있지?

네.

기영이가 약속했는데 순욱이는 믿어 줄 수 있어?

지난번에도 그랬어요.

알아. 기영이에게는 그게 어려운 일이거든. 그래서 네가 도와줘야 해.

어떻게요?

너의 친구라면 약속을 지켜 달라고 말해 줘.

그래도 안 지키면요?

그때는 다시 선생님한테 말해 줘. 기영이가 약속을 지키지 않았다고. 그래도 선생님은 기영이를 믿어. 기영이, 할 수 있지?

자력구제를 금지하라

법률상의 절차에 의하지 않고, 자기 힘으로 권리 내용을 실현하는 일을 '자력구제'라고 한다. 모든 법치국가는 법에 따라 권리를 실현토록 하되, 힘에 의한 자력구제는 법으로 금지하고 있다. 아이들 사이에서 벌어지는 사소한 갈등 역시 힘으로 해결하려는 자력구제가 많이 나타난다.

처음 교사로 임용된 날이었다. 쉬는 시간에 복도에서 두 남자아이가 주먹질하며 싸우고 있었다. 교사인 나와 눈이 마주쳤는데도 아이들은 망설임 없이 서로 주먹을 날렸다. 나는 물리적인 힘을 이용해 두 아이를 떼어 놓았고, 아이들은 서로 자신의 억울함을 내게 호소했다. 힘으로 자신의 억울함을 해결하려 했던 것이다. 이처럼 자력구제는 대부분 학교폭력으로 이어지고, 학교폭력은 친구가 아닌 가해 학생과 피해 학생만 남기게 된다.

왜 아이들은 힘으로 해결하려 할까? 대화에는 인내심이 필요하고 상대를 이해하려는 노력이 필요하기 때문이다. 자신의 잘못을 인정할 줄 아는 용기 또한 필요하다. 나는 어떤 상황에서도 타인의 신체에 함부로 손을 대거나 말하지 않도록 가르친다. 물론 그렇게 말했다고 친구와 갈등하는 모든 순간에 가르침을 떠올리며 함부로 손대지 않거나 말하지 않는 아이는 거의 없다. 화가 나면 어른들조차 함부로 말하고 행동하는 경우가 다반사인데 하물며 아이들은 어떻겠는가? 따라서 갈등을 목격하거나 억울한 일을 당하면 반드시 교사인 내게 알려 달라고 말한다. 아이들이 힘을 통해 자력구제 하지 않도록 일종의 안전망을 구축해 두는 것이다.

하지만 모든 순간, 모든 아이의 갈등에 교사가 개입할 수는 없다. 교사나 부모가 없는 순간, 부재한 장소에서 벌어지는 갈등은 아이들 스스로 해결해야만 한다. 힘이 아닌 대화를 통해서 그렇게 해야 한다. 어떻게 해야 미성숙한 아이들이 서로의 말과 행동에 대한 오해를 스스로 풀어내고 사이좋게 지내도록 할 수 있을까? 어떻게 해야 갈등을 서로를 이해하는 계기로 만들고, 각자 다른 삶을 살아감에도 함께 어울려 살기 위해 노력하는 것이 결국에는 자신을 위한 일임을 깨닫게 할 수 있을까? 바로 아이들의 생각을 궁금해하고, 들어주고, 존중하는 방법이 해법이다.

모든 아이는 좋은 사람이 되고 싶어 한다. 아이들은 실수를 지적하면 화를 내고, 잘못을 드러내면 격분한다. 욕을 하면서도 "욕하는 사람이냐?"라고 물으면 화를 내고, 남을 괴롭히면서도 "남을 괴롭히는 사람이냐?"라고 물으면 흥분한다. 남을 함부로 대하는 아이도 자신이 잘한 점을 타인이 지적하면 기뻐하고, 노력하는 모습을 알아주면 마음을 연다.

사람은 누구나 자신을 알아주는 사람에게 마음을 열기 때문이다. 따라서 아이들이 서로를 알아주는 사람이 되도록 대화를 통해 이해를 넓히고 깊이 공감할 수 있는 기회를 만드는 것이 중요하다. 보이지 않는 마음을 이해하고 공감하려면 더더욱 표현해야 할 테니까.

말하지 않으면 아무도 몰라

무슨 일 있니?

아니요…….

정말 아무 일 없어?

아니에요…….

알았어. 하고 싶은 말 있으면 꼭 말해 줘. 도와줄게.

저기…… 지수가 갑자기 제 연락을 안 받아요.

왜? 지수랑 무슨 일 있었어?

몰라요. 갑자기 지수가 제 욕을 하고 다닌대요.

진짜? 왜 그러는지 물어봤니?

아뇨. 저도 화가 나서 말 안 했어요.

전화했다며?

답답해서 물어보려고 했어요.

근데 안 받아? 알았어. 선생님이 물어볼게.

지수야, 선생님이랑 이야기 좀 할 수 있니?

왜요?

승민이 이야기야.

싫은데요.

승민이가 너 때문에 힘들어하는데.

걔가 왜요?

네가 전화 안 받고 피한다며.

그 말만 해요? 재수 없어.

왜 재수가 없어?

걔가 먼저 저 무시했거든요?

언제 무시했는데?

아, 몰라요.

말해 봤어?

뭘요?

네가 승민이한테 무시당했다고.

왜 말해요? 자존심 상하게.

말을 안 하는데 승민이가 어떻게 알아?

왜 몰라요? 친군데.

너도 모르잖아.

뭘요?

승민이가 너 때문에 힘든 거.

걔도 모르잖아요. 저 힘든 거.

말을 안 하니까 모르지. 너도 승민이도. 이렇게 승민이 미워하고 힘들게 지낼 거야? 아니면 직접 만나서 이야기해 볼 거야?

고작 놀리는 사람일 뿐이네

왜 그래? 무슨 일이니?

(씩씩) 해윤이가 제 말을 무시하잖아요.

그래서 주먹을 쥔 거야?

해윤이가 저 보고 못한다고 놀리잖아요!

해윤이가 네 말을 무시하고 너를 놀린 거야?

네!

해윤이는 고작 놀리는 사람일 뿐이네.

네?

너는 화가 나도 친구를 때리지 않는 사람이고.

…….

누가 더 훌륭해?

그래도 화가 나요.

선생님도 화가 나.

왜요?

친구를 놀리면 친구를 함부로 대하는 거라고 배웠지? 해윤이도 똑같이 배웠는데 고작 놀리는 사람일 뿐이잖아. 그래도 다행이야. 너는 나보다 훌륭해서.

왜요?

선생님은 네 나이 때 날 놀리는 친구를 때렸었거든. 그럼 누가 더 훌륭한 거야?

저요.

그래. 그래서 다행이야. 해윤이도 너처럼 배운 대로 실천하는 사람이 되도록 선생님이 도와줄게. 너도 해윤이가 너처럼 될 수 있게 도와줄 수 있어?

지각하는 아이,
수업을 방해하는 아이로 기억되고 싶어?

고생했어. 재민이만 남고 다들 올라가.

네, 선생님.

재민아, 오늘도 늦게 왔다며?

네. 너무 피곤해서요.

몇 시에 잤어?

10시요.

몇 시에 일어났는데?

9시요.

응? 11시간을 잤는데도 피곤해?

네!

자기 전에 뭐 했는데?

게임이요.

자기 전 30분은 게임 하면 잠을 자도 피곤해.

왜요?

블루라이트가 사람을 잠들게 하는 멜라토닌이라는 호르몬의 분비를 막거든. 수업 시간에 집중하기 힘들어?

아뇨!

그런데 자꾸 친구들한테 장난치고 수업에 집중하지 못하잖아. 너는 진지하게 수업에 참여하는 게 어려운가 보다.

아니에요. 할 수 있어요.

진짜?

네!

그게 궁금했어.

뭐가요?

네가 잘하고 싶은지, 잘할 수 있는지 알고 싶었거든.

왜요?

친구들이 너를 맨날 지각하는 아이, 수업을 방해하는 아이로 생각하더라고. 나는 아니라고 생각하는데. 선생님 생각이 맞는지 틀린지 알고 싶었거든. 그럼 친구들에게 증명해 줄 수 있어?

뭘요?

네가 지각하지 않을 수 있다는 걸, 수업 시간에 집중할 수 있다는 걸 선생님이 말한다고 친구들이 믿을까?

아뇨.

그럼 그럼. 그건 누가 증명할 수 있어?

저요.

그래. 네 말과 행동으로 증명할 수 있어. 네 행동으로 지각하지 않고 수업 시간에 집중할 수 있다는 증명 말이야. 할 수 있지?

우정을 기억해

얘들아. 우정이 뭔지 아니?

네? 그게 뭐예요?

친구가 뭔지는 알아?

저요.

저 알아요.

친구가 뭐야?

같이 노는 친구요.

우리 반이요.

그럼 너희 친구는 누구야?

민형이요.

수진이요.

민형이 어떤 점이 좋아?

어떤 점이 뭐예요?

어떨 때가 좋아?

같이 놀 때요.

싸울 때는 없어?

있어요.

미안해
괜찮아

싸워도 같이 놀아?

네!

왜?

재밌어요.

싸우면 안 미워?

미워요?

싫지 않아?

민형이가 금방 사과해서 괜찮아요.

잘못하면 금방 사과하는구나.

네!

민형이 멋지다. 그게 우정이야. 뭐라고?

우! 정!

친구한테 잘못하면 어떻게 해?

사과요!

사과하면 용서하는 준영이도 멋지다. 사과하면 어떻게 해?

용서!

그걸 뭐라고 부른다고?

네?

우정! 뭐라고?

우! 정!

너희들 모두 우정을 가질 수 있지?

화내기보다 안타까운 이유

선생님! 정우 똑바로 안 해요.

선생님도 알아.

근데 왜 말 안 해요?

똑바로 안 하면 누구 손해야?

정우요.

정우의 수업 시간은 몇 분이지?

40분이요.

너는?

똑같잖아요.

똑같은 40분을 너는 열심히 하고, 정우는 대충하지?

네.

그럼 누가 자신을 소중히 여기는 거야?

저요.

정우는 자신의 시간을 어떻게 보내는 거야?

대충 보내는 거예요.

자기 시간을 대충 보내는 건 자신을 소중히 여기는 거야? 함부로 여기는 거야?

함부로 여기는 거예요.

그래. 정우는 자기를 함부로 여기니 선생님은 화가 날까? 안타까울까?

안타까워요.

그래서 쳐다만 볼 뿐 화를 내지는 않는 거야. 정우야!

네…… 선생님.

너의 시간을 소중히 쓸 수 있어?

네.

그래, 노력해 줘. 네가 네 시간을 소중히 여기고 열심히 노력해야 친구들도 너를 존중할 테니까.

단톡방 사용법

스마트폰 없는 사람?

저요.

저요!

현선이랑 준호 빼고 다 있어?

네!

카카오톡 같은 SNS 쓰는 사람?

저요!

다 쓰네. 그럼 단톡방에 들어가 있는 사람?

저요!

세 명 빼고 다 있는 거야? 단톡방에 누구랑 있어?

애들 거의 다 있을걸요?

선생님은 뺐네?

선생님이 왜 들어와요?

들어가면 안 돼?

안 되죠!

왜 안 돼?

애들끼리 있는데 어른이 왜 들어와요?

선생님은 들어가고 싶은데.

왜요?

걱정되니까.

뭐가요?

뭐가 걱정될까?

단톡방에서 애들끼리 싸울까 봐 걱정하시는 거예요?

응. 어떤 애들은 일부러 단톡방에 불러서 그렇게 욕을 한다더라고. 그게 싫어서 나갔더니 다시 불러서 욕하는 녀석들도 있다더라. 너희는 어때?

저희는 안 그래요!

믿어도 돼?

네!

애들이 싸우면 어떻게 할 거야?

말려야죠.

그래도 싸우면?

그래도 싸우면 그래도 말려야죠.

싸우는 애들끼리 단톡방을 팔 수도 있잖아. 그럼 어떻게 해? 친구들이 싸우면 누구한테 말해야 해?

선생님이요.

싸우는 걸 보거나 들어도 누구한테 말해야 해?

선생님이요.

그래, 친구랑 싸우게 되면 선생님한테 말해 줘. 보거나 들어

멋있어!
잘했어
힘내!
고마워~
TALK
할수있어
대단해!

도 말해 줘. 그래도 제일 좋은 방법은 뭘까?

안 싸우는 거요!

아니야.

네? 그럼 뭐가 제일 좋아요?

지금보다 더 사이좋게 지내는 거.

어떻게요?

서로 칭찬하고, 격려하고, 응원하고, 도와줘.

어떻게 칭찬하고 격려해요?

매일 한 명씩 서로 돌아가면서 하면 되지 않을까?

너무 쑥스럽잖아요.

당연히 쑥스럽지. 서로 비난하는 건 익숙해도 서로 칭찬하는 건 어색하지? 왜 그럴까?

안 해봐서요?

그렇지, 좋은 걸 안 해봤으니까. 그래서 해보자는 거야. 선생님도 매일 해볼게. 같이 해보자.

스스로 좋은 점을 찾고 키워 가는 사람

다른 사람에 비해 뒤떨어졌다거나 능력이 없다고 생각하는 감정을 우리는 '열등감'이라고 부른다. 학창 시절 친구들보다 특별히 잘하는 것이 없었던 나 역시 열등감에 휩싸인 적이 많았다. 달리기도 빠르지 않았고, 키만 컸지 농구나 배구도 잘하지 못했고, 특별히 그림에 소질이 있다거나 남들보다 잘 외우거나 이해가 빠르지도 않았다. 무엇을 해도 친구들보다 잘할 수 없다는 점이 나를 무력하게 만들었다. 나보다 나은 친구와 자신을 비교하며 스스로 깎아내렸던 것이다.

하늘을 나는 새에게는 땅 위를 걷는 인간의 눈에 보이지 않는 새만의 길이 있듯이, 바다를 헤엄치는 물고기에게는 물고기만의 길이 있듯이, 인생을 살아가는 모든 인간에게는 인간만의 길이 있다는 글을 읽었다. 모든 사람에겐 세상에 태어난 이유가 있고, 자신에게 주어진 시간을 어디에 쓰느냐가 자기 삶을 결정한다고 내 인생의 스승은 말씀하셨다. 나같이 열등한 사람도 세상에 태어난 이유가 있을까? 나는 무엇을 위해 어떤 삶을 살아가야 할까? 이런 질문에 나 스스로 답하고 싶었다.

남과 비교하며 나의 무능함을 한탄하면서 지내기보다 지금 내 자리에서 내가 할 수 있는 일에 최선을 다하는 것이 진정 나를 위하는 일이라는 한 선배의 조언 또한 들었다. 그렇다면 우리 반 아이들을, 우리 가족을, 지금 내 옆에 있는 사람을 소중히 여기는 일은 적어도 내가 할 수 있는 일이었다.

교사가 되면 꼭 하자고 마음먹었던 나 자신과의 약속이 두 가지 있었다. 일대일 대화와 반 아이들 한 명 한 명에게 손편지를 쓰는 일이었다. 나 자신과의 약속을 지키기 위해 아이들과 대화하고, 아이들에게 마음을 전하는 편지를 써 왔다. 특별한 재능은 필요 없었다. 그저 나 같은 사람보다 나은 사람으로 성장하기를 바라는 마음을 전하기 위해 노력에 노력을 거듭하면 되었다.

교실에서 만나는 아이마다 과거의 내 모습이 조금씩 보인다. 친구보다 뒤떨어졌다고 생각하고 스스로 능력을 낮추며 아무런 노력을 하지 않던 때의 내 모습이었다. 아이들 각자가 빛나는 순간이 있음을 모르고 지나치고 있다는 사실도 알게 되었다.

아이들 한 명 한 명이 하나도 빠짐없이 자신이 빛나는 순간을 기억하고, 어제보다 오늘, 오늘보다 내일 더 나은 자신이 되기 위해 노력하도록 이끌어 주고 싶다. 바보 같던 내 학창 시절보다 훌륭한 학생으로 살아가도록, 자신의 가능성을 함부로 가늠하고 남과 비교하여 자신의 가치를 낮추지 않도록 돕고 싶다.

매일매일 자신의 성장을 위해 노력하고 친구의 성장을 응원하는 절차탁마의 교실로, 학교로 만들고 싶다. 교사인 나 역시 아이들과 같은 마음으로 같은 노력을 거듭하는 선생이 되고 싶다. 나도 항상 아이들 옆에서 함께 노력하는 교사이고 싶다.

2부

세상을 꿈꾸는 너에게

왜 매일 글똥누기* 써야 해요?

선생님, 저거 꼭 써야 해요? 저거요!

'모범을 보이는 것은 다른 사람에게 영향을 미치는 가장 좋은 방법이 아니다. 유일한 방법이다. -알베르트 아인슈타인'

응. 쓰고 읽고 아인슈타인의 저 말에 대한 네 생각도 써야 해.

왜요?

음…… 혹시 어제 책 읽었어?

아뇨.

그저께는?

안 읽었어요.

그래서 쓰라고 하는 거야.

왜요?

저 두 문장을 말하려고 책을 쓰는 사람도 있거든.

네? 그게 무슨 말이에요?

남에게 영향을 미치는 가장 좋은 방법이 뭐라고 했어?

모범을 보이는 거요.

그 모범을 알기 위해 사람들이 읽는 책이 있어. 그게 뭘까?

아…… 위인전이요?

그렇지.

근데 왜 제 생각을 써요?

그냥 베껴 쓰는 거랑 네가 읽고 네 생각을 쓰는 거랑 어느 게 더 오래 기억에 남을까?

글쎄요…… 제 생각을 쓴 거요?

그렇지. 그렇게 기억한 문장이 많으면 너희에게 도움이 돼.

왜요?

아인슈타인은 살아 있을까?

아뇨. 돌아가셨어요.

나쁜 사람이야? 훌륭한 사람이야?

훌륭한 사람이요.

훌륭한 사람들은 자신만을 위해서 살았을까? 모두를 위해서 살았을까?

모두를 위해서요.

자신만을 위해서 사는 것이 쉬울까? 모두를 위해서 사는 것이 쉬울까?

자기만을 위해서 사는 게 쉬워요.

어느 쪽이 더 훌륭해질 수 있을까?

모두를 위해서 사는 거요.

캄캄한 밤에 너희가 남의 앞을 밝히면 누구의 앞도 밝아지는 거야?

저희요.

그럼 너희 모두가 서로를 위해서 사는 게 행복할까? 자신만을 위해서 사는 게 행복할까?

서로를 위해서요.

서로를 위해서 서로가 모범이 되어 주려면 좋은 말을 많이 기억해야 할까? 몰라도 될까?

* **글똥누기**: 매일 훌륭한 사람들이 남긴 문장을 읽고, 자기 생각을 세 줄 이상 쓰는 활동.

네가 너를 싫어하니까

책 안 펴니?

…….

공부 안 할 거야?

안 할 건데요.

왜?

하기 싫어서요.

왜 하기 싫은데?

저 수학 못해요.

못해도 되니까 책 펴.

싫어요.

그래서 애들이 싫어하는구나.

네?

그래서 애들이 너를 싫어한다고.

선생님, 이거 학교폭력이에요.

네가 너를 싫어하니까 애들이 너를 싫어하잖아.

아이, 씨*. 내가 나를 왜 싫어해요!

너를 못하는 사람이라고 생각하잖아. 너 스스로.

근데요?

아무것도 못하니까 아무것도 안 한다며. 아무것도 할 줄 모른다고 네가 너를 무시하는데, 누가 너를 좋아하겠니!

나도 걔네 싫어요.

친구들 싫어하니까 마음이 편해? 좋아? 즐거워? 친구들은 좋을까?

제가 어떻게 알아요?

네 마음은 네가 알잖아. 좋아?

제가 좋겠어요?

그러니까. 네가 책을 펴고 네가 할 수 있다는 걸 보여 줘. 네 마음도, 친구들 마음도 편해지게.

왜 이상한 어른들이 많아요?

선생님, 저 주말에 죽을 뻔했어요.

왜? 사고 날 뻔했어?

아뇨. 개한테 물릴 뻔했어요.

진짜? 큰일 날 뻔했다. 어디서 그랬어?

동네에 큰 개들을 키우는 집이 있거든요.

큰 개면 목줄도 하고 입마개도 했을 거 아니야.

아뇨. 목줄도 안 하고, 입마개도 안 했어요. 그리고 문도 열어 놔요.

진짜? 아니, 왜 그런대?

목줄 하고 문도 닫으라고 말하는데요. 어른들이 말할 때만 하고, 저희가 있으면 안 해요.

왜?

자기 개들 불쌍하대요.

아니, 그러다 사람이 다치면 어쩌려고.

그 아저씨 말고 또 있어요. 이상한 아저씨.

또 있어?

놀이터에 가면 담배 피우고 욕하는 아저씨가 있어요.

아니, 놀이터에서 담배를 피워?

아줌마들 많을 때는 안 오고요. 저희끼리 놀면 와서 욕해요.

진짜 이상한 어른이 많네. 그럼 너희는 어디서 노니?

그냥 집에 있거나 친구 집에 가요.

선생님, 근데 왜 이상한 어른들이 많아요?

어른들한테는 선생님이 없거든.

네?

너희가 잘못하면 누가 야단쳐?

선생님이요.

또?

또요? 아…… 부모님이요.

어른들은 선생님도 없고, 부모님 말씀도 안 듣거든. 그러니까 누구 마음대로 해?

자기 마음대로요.

누구만 아는 거야?

자기만 알아요.

너희도 그런 이상한 어른이 되고 싶어?

아니요!

그래. 그런 이상한 어른이 되지 않기 위해서 지금 우리는 어디에 다니고, 지금 누구에게 배우는 걸까?

무엇이 너희를 힘들게 할까?

너희는 언제 힘들어?

힘들 때요? 응, 학교 올 때요.

친구랑 싸웠을 때요.

선생님한테 혼날 때요.

선생님한테 언제 혼나는데?

숙제 안 하거나 친구랑 싸웠을 때요.

또 혼날 때 없어?

수업 시간에 열심히 안 할 때요.

그래. 또 힘들 때는 없어?

아침에 일어날 때요.

수학 숙제할 때요.

글쓰기 숙제할 때요.

엄마한테 휴대폰 빼앗겼을 때요.

오빠가 집에 있을 때요.

형이 집에 있을 때요.

동생이 집에 있을 때요.

엄마랑 아빠랑 싸울 때요.

이걸 몇 가지로 분류할 수 있을까?

분류요?

몇 가지 종류로 나눌 수 있을 것 같으냐고.

음…… 세 개요.

어떻게?

숙제, 가족, 학교. 아닌가?

선생님이 칠판에 적어 볼게.

학교 올 때요.

아침에 일어날 때요.

수학 숙제할 때요.

글쓰기 숙제할 때요.

선생님한테 혼날 때요.

엄마한테 휴대폰 빼앗겼을 때요.

오빠가 집에 있을 때요.

형이 집에 있을 때요.

동생이 집에 있을 때요.

엄마랑 아빠랑 싸울 때요.

친구랑 싸웠을 때요.

모두 몇 가지지?

열 가지요.

학교에 오거나 아침에 일어나기, 숙제하기는 누구를 위해서 하는 거야?

저희를 위해서요.

왜 아침에 일어나서 학교에 와야 해?

그래야 건강해지고 배울 수 있으니까요.

그럼 누구의 성장을 위해 아침에 일어나 학교에 오고 숙제를 하는 거야?

저희요.

그럼 오빠나 형, 그리고 동생이 집에 있을 때 왜 힘들어?

오빠가 자기만 컴퓨터 해요.

형이 자꾸 심부름시켜요.

동생이 자꾸 제 장난감 만져요…….

형이나 동생이 누구를 생각하지 않는 거야?

저희요.

누구만 생각하는 거야?

자기요.

자기만 생각하는 사람 때문에 싸우는 거네. 그렇지? 친구랑은 왜 싸워?

제 말을 무시하잖아요.

자기 하고 싶은 대로 하잖아요.

아까랑 똑같네. 누구만 생각하는 거야?

자기만요.

그럼 두 가지만 잘하면 하나도 안 힘들겠다.

뭐요?

아침에 일어나 학교에 오고 숙제하는 이유가 무엇 때문이라고 했어?

저희의 성장이요.

누구만 생각하면 싸운다고 했어?

자기만요.

그럼 너희의 성장을 위해 모두가 노력하고, 나만 생각하지 말고 누구도 생각하면 될까?

친구요.

형이요.

남이요.

그래. 그래서 우리 반 급훈이 이거야. 다 같이 읽어 볼래?

'지은을 최고로, 보은을 제일로. 모든 일에 함께 노력하자', 지은이 뭐예요?

고마움을 아는 것을 지은(知恩)이라고 하고, 고마움에 보답하는 것을 보은(報恩)이라고 해. 형이나 동생, 친구끼리 서로가 있어서 고마워하고 서로를 위해 더 잘해 주려고 하면 싸울 일이 있을까?

아뇨!

그래. 서로의 고마움을 알고 서로 보답하려고 함께 훌륭해지기 위해 노력하는 너희였으면 좋겠어. 할 수 있지?

너를 낮추지 마

저 멀리뛰기 못해요.

괜찮아. 그런 말 말고 열심히 뛰어 봐.

하나, 둘, 셋. (휘익) 83센티미터! 이거 봐요.

네가 너를 못하는 사람이라고 생각하니까. 네가 한 말대로 몸이 따르는 거야.

네?

저도 못해요.

괜찮아. 멀리 보고 뛰어. 저 뒤에 3미터 보이지? 거길 보고 뛰어.

하나, 둘, 셋. 85센티미터. 거 봐요. 저 못 뛰잖아요.

얼마나 뛰어야 잘 뛰는 거야?

네?

그럼 얼마나 뛰어야 못 뛰는 거야? 아는 사람?

…….

그거 누가 정했어? 선생님이 정했어?

아뇨.

그럼 누가 정했니? 잘 뛰고 못 뛰는 기준을.

민혁이요.

수민이요.

선생님이 어떻게 뛰자고 했어?

열심히요. 멀리 보고 뛰라고 했어요.

멀리 보고 열심히 뛰는 거랑 앞만 보고 대충 뛰는 거랑 어느 게 더 잘 뛰는 거야?

멀리 보고 열심히 뛰는 거요!

이거 어려워서 못하는 사람?

없어요!

할 수 있지?

1M
2M
3M

네가 언제 멋져 보이는지 알아?

선생님!

왜?

저는 공부에 소질이 없나 봐요.

왜 그런 생각을 해?

아무리 해도 성적이 안 나와요.

네가 원하는 성적이 어느 정돈데?

그래도 5등 안에는 들어야죠.

반에서?

네.

공부 소질이 뭔데?

공부한 만큼 원하는 성적을 얻는 거요.

그런 사람이 있어?

그럼요. 영민이도, 서연이도 저보다 잘하잖아요.

영민이랑 서연이가 20살이 되어도, 30살이 되어도 너보다 잘할까?

그렇겠죠.

어떻게 알아?

저보다 게임도 많이 하는데 저보다 성적이 잘 나오거든요.

조금만 공부해도 성적이 잘 나오니까 20살에도 공부하고 30살에도 공부할 것 같아?

네? 대학 가고 졸업하면 뭐 하러 공부해요?

네가 아는 게 많아? 모르는 게 많아?

당연히 모르는 게 많죠.

모르는 걸 알려고 하는 사람이 멋질까? 몰라도 알려고 하지 않는 사람이 멋질까?

모르는 걸 알려고 하는 사람이 더 멋지지 않을까요?

네가 그런 사람이잖아. 모르는 걸 알려고 하는 사람. 영민이나 서연이보다 네가 언제 멋져 보이는지 알아? 바로 그럴 때야.

저희에게도 인권이 있어요

뒤꿈치 들었다 놓았다 10회. 마지막은 버티기 몇 초?

10초!

100초!

그래, 진연이는 100초 하고 싶으니까 100초 하자.

싫어요!

왜?

제게도 인권이 있어요.

인권이 뭔데?

인간으로서 당연히 누려야 할 권리요.

당연히 누려야 할 권리가 무엇인데?

제가 하고 싶은 대로 하는 거요.

넌 어떻게 하고 싶은데?

10초만 하고 싶어요.

그럼 이다음 스쿼트 100개 할 건데 그것도 하고 싶어?

아뇨. 그건 하기 싫어요.

하기 싫은 건 안 하는 게 인권이야?

네?

네 건강을 위해 하기 싫어도 하는 게 인권일까? 하기 싫으면 안 하는 게 인권일까?

모르겠어요.

다른 친구들 생각은 어때? 너희는 너희의 성장과 건강을 위해 하기 싫어도 하는 게 너희 인권을 존중하는 거라고 생각해? 아니면 하기 싫은 건 안 하는 게 너희 인권을 존중하는 거라고 생각해?

사람은 과연 바뀔까? 수많은 어른이 이런 말을 쉽게 던진다. '사람 고쳐 쓰는 것 아니다.' 어디 사회만 그럴까? 끊임없이 수업을 방해하는 아이, 매일 친구와 선후배를 괴롭히는 아이, 교사에게 함부로 말하고 행동하는 아이를 만나면 교사 역시 같은 마음이 된다. 저 아이를 내가 어떻게 바꿀 수 있을까? 더구나 부모가 아이의 잘못을 인정하지 않거나, 오히려 잘못된 행위를 일으킨 원인 제공자가 바로 교사가 아니냐며 따지는 경우는 더욱 절망감에 빠진다. 관심을 기울이고 개입한 순간, 학부모의 지속적인 민원과 소송의 악순환에 빠진 여러 악성 사례가 생각날 테니까.

끊임없이 수업을 방해받는 친구들의 마음은 어떨까? 매일 친구와 선후배를 괴롭히는 아이를 좋아하는 친구가 있을까? 교사에게 함부로 말하고 행동하는 아이에게 관심을 기울일 교사는 몇 명이나 될까? 결국 문제행동을 일으키는 아이는 자신을 스스로 고립시킨다. 하지만 아무도 아이에게 손을 내밀지 않는다. 과연 누가 제대로 손을 내밀 수 있을까? 모두에게 적대적인 아이에게 먼저 다가가기에는 두려움이 크다.

그런데 사실 더 심각한 문제는 문제행동을 일으키는 아이가 아니라, 아무 문제를 일으키지 않는 아이에게 있을 가능성이 더 크다는 사실이다. 아무 말도, 아무 행동도 하지 않는 아이. 교사는커녕 친구 눈에도 띄지 않는 아이. 아무것도 하지 않아 아무것도 할 수 없는 아이가 실은 가장 심각한 상황의 아이다. 문제행동을 일으키는 아이에게 가려져 그 존재조차 확인하지 못할 가능성이 크기 때문이다.

그래서 매일 한 번씩은 모든 아이의 생각을 들으려고 노력한다. 아이들이 제 생각을 말로, 글로 표현하도록 지도한다. 표현하지 않는 마음은 알 길이 없기 때문이다. 아이들 역시 제 생각을 말과 글로 드러내며 구체화하고 스스로 들여다볼 기회를 얻을 수 있다. 매일 한 번씩 생각을 말과 글로 정리하고 표현하는 경험이 쌓이고 쌓여 자기 인식을 높인다. 친구의 말과 글을 접하며 타인에 대한 이해를 높인다. 겉으로 표현한 말과 글은 조금씩 행동에 영향을 주고, 섣부른 행동을 하기 전에 자신이 표현한 말과 글로 스스로를 다잡는다.

서서히 작은 먼지가 쌓이고 쌓여 화석이 되어 가듯 아이들은 조금씩 자신의 정체성을 단단히 채워 나간다. 그 긴 시간 동안 서로 지켜보고 위로하고 응원하고 격려하는 일을 하기 위해 해마다 교실이라는 공간에서 친구와 교사라는 존재와 함께 살아가는 게 아닐까? 그것이 학교와 친구의 진정한 쓸모라고 생각한다.

우리 아빠 벌금 7만 원 받았어요

자, 우리 오늘은 무엇에 관해 배울까?

'횡단보도에서 지켜야 할 5가지 약속'!

잘했어. 횡단보도를 건널 때 어떤 불에 건너야 해?

초록불이요.

그렇지. 그럼 건너기 전에 무엇부터 해야 해?

멈춰서 신호등을 봐요.

그래, 왜 멈춰서 봐야 해?

차가 휙 지나가면서 우리를 칠 수 있으니까요.

운전하는 사람은 왜 멈춰야 할까?

빨간불이잖아요.

빨간불에는 가야 하는 거야? 멈춰야 하는 거야?

멈춰야 해요.

그럼 어느 불에 가야 해?

파란불이요.

초록불이요.

1학년 중에 아무도 모르는 사람이 없네. 훌륭하다.

그런데요, 우리 엄마는요, 차가 없으면 막 지나가요.

진짜? 그럼 너는 어떻게 해?

그냥 따라가요.

왜? 가지 말라고 말씀드리지.

엄마가 잔말 말고 따라오래요.

그래? 속상하겠다.

선생님, 저요! 저요! 저요!

그래, 민준이 발표해 보자.

우리 아빠는요, 속도가 50까지였는데요, 70으로 달렸어요. 그래 가지고 벌금 7만 원 내고 엄마한테 혼났어요.

아빠가 모르고 그랬나 보다.

아니에요. 제가 천천히 가랬는데 괜찮다고 그랬어요.

네 말을 들었어야 했는데. 그치?

네!

어른들이 몰라서 못 지킬까?

아뇨!

그럼 왜 못 지킬까?

귀찮아서요.

지키기 싫어서요.

맞아. 귀찮거든. 규칙을 지키는 게 쉬울까? 어려울까?

어려워요.

너희는 어려운 걸 해내는 어른이 되고 싶어? 귀찮다고 무시하는 어른이 되고 싶어?

너희는 무엇으로 채우고 싶어?

이게 뭔지 아는 사람?

눈금 재는 거요!

메스실린더요!

그래. 메스실린더야. 여기에 무엇을 담을 수 있을까?

모래요.

흙이요.

우유요.

물이요.

그래, 그래. 그럼 먼저 너희 앞 메스실린더에 이름을 붙여 보자.

이렇게 붙여요?

응. 너희가 너희 이름을 볼 수 있게. 그리고 이 중에 넣고 싶은 걸 넣는 거야.

그게 뭐예요?

이거? 시기, 질투, 험담, 비난, 칭찬, 응원, 격려, 노력이야.

그걸 메스실린더에 담아요?

응. 너희가 담고 싶은 걸 담으면 돼. 어떤 걸 넣고 싶어?

감사
노력
격려
칭찬
응원

칭찬이요!

응원이요!

격려요!

노력이요!

어? 왜 시기, 질투, 험담, 비난은 안 넣어?

그건 싫으니까요.

진짜?

네!

너희가 하는 말은 어떤 게 많아?

네?

그거 너희가 자주 하는 말을 골라서 넣는 거야.

아…….

어떤 걸 넣을 거야?

좋은 말이요.

진짜?

네.

그래. 메스실린더는 너희의 시간이야. 너희가 보내는 시간에 나쁜 말을 넣을지, 좋은 말을 넣을지는 너희가 결정하는 거야. 너희 생각처럼 선생님도 너희가 좋은 말로 가득 찬 시간을 만들기 바라. 할 수 있지?

우리가 바이올린 교육을 하는 이유

초등학교 1, 2학년 아이들은 가르쳐 보셨나요?

그럼요. **초에서도 가르쳐 보고, ㅁㅁ초에서도 가르쳐 봤는걸요.

아이들에게 무엇을 어떻게 가르치실 계획인가요?

교재는 이걸 쓰는데요. 음표나 조표 같은 기본을 먼저 가르치고 나서 두 줄로 10~15곡 정도 연주를 해보게 하려고요.

모두 다요?

네. 한 명도 빠짐없이요.

힘드시겠네요. 그럼 그동안 아이들 가르치면서 무엇이 가장 힘드셨어요?

악기가 민감하다 보니 악기 다루는 걸 지도하는 게 힘들었어요. 바이올린은 예민한 악기라 책상에서 떨어지기만 해도 파손되기 쉽거든요.

그렇겠네요. 또 어려운 점은 없으셨어요?

애들이 자세 잡는 걸 힘들어해요. 그래서 쉽게 포기하려고 하죠.

그때 어떻게 하세요?

제가 악기를 연주해요. 그럼 아이들이 좋아하거든요.

바이올린 소리를 좋아하게 되는군요.

그렇습니다. 저도 어릴 때 바이올린 연주 소리를 듣고 한 번 연주해 보고 싶었거든요. 그래서 결국 음대에 갔죠.

그게 저희가 아이들에게 바이올린을 가르치기로 한 이유예요, 선생님. 아이들이 10곡을 다 연주하지 못해도 괜찮습니다. 선생님처럼 바이올린 소리를 좋아하게 되면 돼요. 그중 몇 명은 연주하고 싶다는 마음을 가지겠지요.

나이가 들어서도 바이올린 소리를 찾아서 들을 수 있다면 저희의 바이올린 교육은 성공이라고 생각합니다. 잘 부탁드립니다. 선생님. ^^

선생님이 사과하고 싶었는데

김영찬!

안 왔는데요.

왜?

확진자가 많아서 가정학습한대요.

그렇구나. 선생님이 사과하고 싶었는데.

뭘요?

선생님 아들이 선생님 닮아서 훌라후프 못한다고 말했던 거 기억나니?

네.

근데 어디서 연습했다고 했어?

방에서요.

그래, 방문도 닫고 혼자 연습했어. 왜 아무도 못 보게 혼자 연습했을까?

글쎄요.

왜요?

훌라후프 못하는 걸 다른 사람이 지켜보고 있으면 기분 좋을까?

아뇨.

그래. 그래서 혼자 연습한 거야. 근데 선생님이랑 뭐가 다른지 알아?

뭐가 다른데요?

선생님은 못한다고 안 했는데 선생님 아들은 못한다고 생각해서 무엇을 계속한 거야?

연습이요.

어디서?

아무도 안 보는 곳에서요.

뭘 안 한 거야?

포기요?

그렇지. 포기하지 않은 거지. 너희가 포기하지 않게 하려면 못하는 걸 지적해야 할까? 최선을 다하지 않는 걸 지적해야 할까?

최선을 다하지 않는 거요.

그래. 그런데 선생님이 지난 시간에 영찬이에게 빨리 달리지 않는다고 야단쳤잖아. 그렇지?

네.

영찬이는 그게 최선이었는데 선생님이 그걸 알아준 거야? 안 알아준 거야?

안 알아준 거예요.

그러니까 영찬이 마음이 어떨까?

서운할 것 같아요.

그래서 사과하고 싶었어. 체육은 너희가 건강해지라고 하는 거지, 선수가 되라고 하는 건 아닌데. 선생님도 왜 체육을 가르쳐야 하는지 잠깐 잊어서 실수했어. 미안해, 얘들아. 다음에는 더 조심할게.

총보다 대화

선생님, 뉴스 보셨어요? 비행기 바퀴에 매달린 애들 떨어지는 거?

아프가니스탄?

네.

그 장면 보니까 영화 생각나더라.

무슨 영화요?

〈모가디슈〉. 그 장면 생각나?

무슨 장면이요?

남자애들이 총싸움 흉내 내는 장면.

총 쏘잖아요.

그렇지. 진짜 쏘지. 그런데 애들 표정이 어때?

웃던데요?

나는 그게 제일 무섭더라.

왜요?

사람을 죽이고도 웃는 게 사람 같지 않아서.

아…… 그렇네요.

그 애들이 가진 게 뭐였는지 기억나?

총이요.

원래 애들은 어디 있어야 해?

학교요.

그런데 뭘 들고 뭘 하고 있었어?

총 들고 사람을 죽이고 있었죠.

아프가니스탄은 다를까?

똑같겠죠.

비행기 바퀴에 매달린 아이들은 어디에서 무엇을 하고 싶었을까?

집에 가서 친구랑 놀고 싶었겠죠.

그런데 집에 갈 수 있어?

아뇨.

아이들은 총 대신 무엇을 들어야 한다고 했어?

연필이요.

총은 왜 안 돼?

사람을 죽이잖아요.

연필은?

연필이요? 아…… 모르겠어요.

모든 아이가 연필을 쥐려면 전쟁이 필요해? 평화가 필요해?

평화요.

평화는 힘이 필요해? 대화가 필요해?

대화요.

대화를 잘하려면 어떻게 해야 해?

공부요?

대화를 잘하려면 공부해야 해?

다른 나라를 잘 설득하려면 아는 게 많아야겠지요.

그렇지. 그럼 공부를 하는 이유가 뭐야?

대화를 잘하려고요?

무엇이 대화를 필요로 하는데?

어…… 평화요?

그렇지. 열심히 공부해서 비행기에서 추락하는 아이들이 없는 세상을 만드는 게 너와 내가 공부하는 이유야.

어떻게 일하는 사람이 더 행복할까?

저 위에 하얀 텍스* 보이니?

네!

한 번은 저 네모난 텍스 하나가 깨져서 떨어졌어.

왜요?

남자애 둘이 교실에서 축구를 했거든.

에이, 거짓말하지 마세요.

사실인지 거짓인지는 나중에 너희 선배들한테 물어보면 돼. 근데 축구공 찬 이야기를 하려는 건 아니야.

그럼 무슨 이야기인데요?

지난 3월 2일에 텍스가 떨어져서 새것을 끼워 달라고 부탁한 적 있었어. 그런데 언제 교체되었는지 알아?

언제인데요?

11월.

네? 그럼 3, 4, 5, 6…… 8개월 걸린 거예요?

그렇지.

원래 그렇게 오래 걸려요?

아니. 금방 할 수 있어. 선생님이 해도 돼.

근데 왜 안 했어요?

선생님은 텍스가 어디 있는지도 모르고 또 그분이 해 주신다고 했거든.

근데 왜 안 해 주신 거예요?

왜 그러셨을 것 같아?

글쎄요?

너희들, 아침에 등교할 때 등굣길 바닥을 쓸거나 화단 정리해 주시는 분 본 적 있어?

네!

그 아저씨, 저 알아요.

어떤 분인 것 같아?

저한테 먼저 인사하시는 걸 보면 좋은 분요.

그렇지? 지난번에 우리 교실 문이 잘 열리지 않는다고 그날 바로 오셔서 고쳐 주셨잖아. 기억나?

네!

8개월 만에 텍스를 바꿔 주신 분이랑 스스로 문을 고쳐 주신 분이랑 두 분 중에 너희는 누가 더 좋아?

스스로 고쳐 주신 분이요!

두 분은 같은 직업을 가진 사람이야. 그런데 서로 같은 태도야? 다른 태도야?

서로 다른 태도예요.

누가 더 훌륭한 것 같아?

당연히 스스로 고쳐 주시는 분이죠!

그럼 누가 더 행복할까?

스스로 고쳐 주시는 분이요.

왜?

자기 일을 좋아하잖아요!

또?

또요?

너희처럼 고마워하는 사람이 누가 더 많을까?

스스로 고쳐 주시는 분이요.

너희는 나중에 어른이 되면 어떻게 일하는 사람이 되고 싶어?

* **텍스**: 천장 등에 쓰이는 건축 자재.

왜 그렇게 열심히 하세요?

선생님, 왜 그렇게 열심히 하세요?

뭘?

수업도 우리랑 다 같이 하고, 체육관 청소도 매일 하시잖아요.

근데 왜?

안 힘드세요?

힘들지. 힘들어 죽겠다. 허허.

수업도 좀 쉬엄쉬엄하시고 청소도 이삼일에 한 번 하세요.

내가 수업을 쉬엄쉬엄해도 너희는 열심히 할까?

저희요? 글쎄요.

내가 너희랑 똑같이 움직이니까 너희도 같이하게 되잖아. 그렇지?

네.

너희가 열심히 하는 만큼 누가 건강해지는 거야?

저희요.

체육관이 지저분해도 너희가 더 마음껏 움직이고 더 열심히 하게 될까?

네?

깨끗이 매일 소독하고 청소해야 너희가 마음껏 움직이겠지?

네.

마음껏 움직인 만큼 누가 건강해진다고?

저희요.

너희를 어제보다 오늘, 오늘보다 내일 더 건강하게 만드는 게 내가 체육 수업을 하는 이유야. 내가 열심히 하는 이유는 누굴 위해서야?

저희요.

또?

또요?

나를 위해서야.

선생님 힘들잖아요.

내가 열심히 가르치고 청소하는 건 내 삶을 대충 사는 거야? 존중하며 진지하게 사는 거야?

진지하게요.

내가 내 삶을 존중하며 살려고 열심히 가르치고 청소하는 거야. 나를 위한 일이자 누굴 위하는 일이야?

저희요.

너희도 할 수 있지?

우리 사회에는 이상한 특징이 하나 있다. 사회 문제가 발생하면 꼭 교육을 탓한다. 인성 문제가 심각해지니 인성교육을 해야 한다고 하고, 학교폭력이 문제니 학교폭력예방 교육을 해야 한다고 주장한다. 하지만 정작 인성교육진흥법 이전과 이후의 아이들이 달라졌다는 연구는 그 어디에서도 본 적 없다. 학교폭력예방법도 마찬가지다. 가해 연령은 내려가고 학교폭력 양상은 더더욱 음성화되어 간다는 연구가 있을 뿐이다.

정작 중요한 우정이 무엇인지에 대해서, 스스로가 좋은 친구인지, 가까이에 좋은 친구가 있는지는 아무도 묻지 않는다. 법으로 정해진 수업 시간에 우정을 생각하고 이야기할 시간보다 학교폭력을 생각하고 이야기할 시간이 더 많은 것이 우리의 현실이다.

해마다 경쟁 위주 입시교육의 문제점을 말하지만, 정작 어떤 교사도 인성보다 성적이 중요하다고 가르치지는 않는다. 오히려 학교 외부에서 사회가 요구하는 인재를 키우라고 강요해 놓고 요구하는 대로 교육하는 학교를 비난한다. 질문하지 않는 아이들이 문제라면서도 공정이 중요하다며 타인이 만들어 놓은 질문에 대답하는 정시 확대를 요구한다. 스스로 질문하고 답을 찾아가는 아이들에게 수능만을 준비하게 하는 정시 확대야말로 모순이 아닌가?

또한 촉법 연령을 낮춰야 하고 반성할 줄 모르는 아이들이 문제라고 하면서, 정작 수업 방해 행위를 하는 학생을 지적하거나 교실 뒤에 세워만 놓아도 아동학대로 신고하며 교사를 고소하는 사회에서 어떻게 아이들을 제대로 반성케 할 수 있을까?

어떻게 해야 질문하는 사람으로, 잘못을 인정하고 사과할 줄 아는 어른으로, 타인의 불행 위에 자신의 행복을 구축하지 않는 성숙한 시민으로 우리 아이들이 자라게 할 수 있을까?

타인의 관점에서 자신과 사회를 이해하려면 여러 시대, 여러 나라, 여러 계층 사람의 목소리를 들어 보아야 한다. 그 목소리에 귀를 기울이고 생각하고 자신의 말로 표현해 보아야 한다. 앞뒤 맞지 않는 세상의 모순을 깊이 파고들어야 한다. 남과 비교하며 자신을 스스로 낮추고 무기력에 빠지기 전에, 타인이 존재함으로써 자신을 비춰 볼 수 있음에 감사할 줄 알아야 한다. 내가 살아갈 이유를 찾기 위해 지금 머무는 곳에서 내 옆에 있는 이들을 소중히 여기며 살아야 한다.

자신을 부정하고 타인을 부정하게 만드는 수많은 장벽을 하나씩 짚어보고 벽을 무너뜨려 자신과 타인을 잇는 다리로 만들어야 한다. 인생이라는 드라마 속에서 욕설과 비난보다는 칭찬과 격려의 대사를 더 많이 외치게 하고, 차별과 폭력보다는 존중과 대화의 행동을 더 많이 실천하는 시간을 만들게 해야 한다.

무엇보다 아이들이 훌륭한 어른이 되기를 꿈꿀 수 있도록 가까이에서 지켜봐 주는 어른, 길잡이가 되어 주는 어른이 더 많아져야 한다. 그 작은 꿈을 함께 실현할 벗을 더 많이 만들어야 한다. 우리 아이들이 사회에 나가는 데 필요한 준비 과정은 바로 이런 시간이다.

3부

다르지만 특별한 너에게

특수반 가기 싫어요

선생님, 통화 괜찮으세요?

네, 어머니. 괜찮습니다.

저희 정원이요, 특수반 꼭 가야 해요?

왜요, 어머니?

아이가 가기 싫어해서요. 친구들이랑 같이 있고 싶은데 자기만 나와서 따로 수업 듣는 게 싫은가 봐요.

같이 있고 싶겠죠. 저라도 그럴 것 같아요.

그럼 안 가도 될까요?

아뇨. 일단 제가 정원이랑 이야기해 보고 말씀드릴게요.

네, 선생님. 잘 부탁드립니다.

정원아.

네, 선생님. 왜요?

특수반 가기 싫다고 그랬다며? 왜 싫어?

네……. 왜 저만 다른 반에 가야 해요?

특수반 선생님이 왜 계시는지 알아?

모자란 애들 도와주려고요.

아니야.

그럼요?

너희가 어른이 되었을 때 다 함께 어울려 살 수 있게 하려고 계시는 거야. 너 엄마 없이 살 수 있어?

아뇨.

엄마의 도움 없이 살려면 누가 잘해야 해?

저요?

그렇지. 네가 잘해야지. 그런데 사람이 혼자 살 수 있을까?

네.

너 혼자 살 수 있어?

형은 혼자 잘 있던데요?

뭐 하면서 있는데?

게임이요.

뭐로 게임 하는데?

휴대폰이요.

게임을 만드는 사람이 없다면 게임 할 수 있어?

아뇨.

전기를 만드는 사람이 없다면 게임 할 수 있을까?

아니요.

너는 누군가에게 도움 되는 사람이 되고 싶어? 아니면 도움 받는 사람이 되고 싶어?

도움이 되는 사람이요.

그래. 네가 특수반에 가는 건 도움이 되는 사람이 되기 위해서야.

왜요?

음…… 너한테 필요한 교육이 무엇인지 특수반 선생님이랑 선생님이랑 너희 부모님이랑 모여서 이야기하는 거 알아? 너에게 필요한 교육이 뭔지 함께 의논하고 결정한 것을 가르쳐. 네가 도움을 받는 사람이 아니라 도움이 되는 사람이 되라고. 그래도 싫어?

왜 장애인만 엘리베이터를 타요?

어디 가니?

보건실요.

어디 아파?

손이 까져서요.

손이 까져서 엘리베이터를 타는 거야?

네. 왜요? 타면 안 돼요?

선생님이 타지 말라고 할 것 같아?

네!

왜?

이거 장애인용이잖아요.

잘 아는구나.

엘리베이터는 장애인만 타야 해요?

아니. 누구나 타도 되지. 그런데 누가 먼저인지는 기억해야지.

누가 먼저인데요?

누가 먼저일 것 같아?

장애인이요.

또?

또요?

다리 다치거나 거동이 힘든 노약자분들 혹은 무거운 짐을 옮겨야 하는 분들이 있지. 그런데 그 전에 기억해야 할 게 있어.

그게 뭔데요?

지하철 타 봤지?

네.

지하철마다 엘리베이터 있는 거 알아?

네. 그거 동네 형 누나들도 많이 타고 다녀요.

누구 덕분에 생겼는지 알아?

누구요? 장애인이요?

그래. 장애인분들이 만들어 달라고 한 거야. 다른 건 너무 위험하거든. 그런데 금방 만들어 주었을까?

위험한데 금방 만들었겠죠.

아니. 안 만들어 줬어. 그래서 지하철 선로를 가로막고 시위를 하셨단다. 시위하면서 마음이 편했을까? 불편했을까?

불편했어요.

왜?

사람들이 시위하는 거 싫어하니까요.

그래. 그런데도 왜 시위를 하셨을까?

당연히 만들어야 하는 걸 안 하니까요.

그렇지. 그럼 지금 너는 누구에게 고마워해야 해?

장애인분들이요.

그래. 지하철을 탈 때나 이렇게 엘리베이터를 탈 때 그분들에게 고마워해야 해. 그분들 덕분에 계단 없는 버스도 생겨서 노인분들도 편하게 타시거든. 어서 타!

아니에요. 계단으로 갈래요.

그래? 그럼 더 금방 낫겠다. 운동하는 거니까.

도와주지 마

뭐 하는 거야?

진우 일으켜 주는 거예요.

왜 네가 일으켜 줘?

제가 도와줘야 일어날 수 있어요.

진짜? 진우야, 준현이 말이 맞니?

…… 네.

그럼 집에서는 어떻게 해?

집에서는…… 엄마가 도와줘요.

엄마가 안 계시면? 안 계시면 어떻게 일어나니?

제가 일어나요. 근데 오래 걸려요.

혼자 할 수 있어?

네…… 근데 오래 걸려요.

선생님, 바쁜데 제가 그냥 진우 도와주면 안 돼요?

바쁘면 그냥 가도 돼. 선생님이 데려다줄게.

아뇨. 그래도…….

아니야. 진우를 위해서 도와주지 말라는 거야.

왜요? 왜 그래야 해요?

진우도 네 도움 없이 설 수 있으니까.

오래 걸리잖아요.

안 해봤으니까. 진우도 너나 엄마의 도움 없이 일어설 수 있다는 걸 알아야 하니까. 네가 평생 진우 옆에 있을 수 있어?

아뇨.

진우도 네가 아닌 새로운 친구에게 자신이 할 수 있는 일도 부탁하는 게 좋을까? 그래도 도와줄래? 아니면 혼자 일어설 때까지 기다렸다가 같이 갈래?

쟤는 왜 까매요?

선생님!

왜?

쟤는 왜 까매요?

부모님이 흑인이신가 봐.

외국인이에요?

아니. 한국인이셔.

흑인이 한국 사람이에요?

그럼 그럼. 음…… 부모님 고향이 어딘지 아는 사람?

저요!

저요!

저요!

그래, 아름이 부모님은 고향이 어디시니?

충북 전주요.

전주? 전주는 전북인데?

아…… 그럼 전북 전주요.

또 다른 사람? 그래. 이번에는 수현이가 말해 볼까?

저희 엄마는 경기도 양평이고요. 아빠는 경남 거제예요.

그럼 아름이랑 수현이 부모님은 원래 이곳 사람이야? 다른 동네 사람이야?

다른 동네요.

지금은 어느 동네 사람이야?

우리 동네요.

아리 부모님도 원래 다른 나라에 살다가 우리나라로 이사 오셨어. 그럼 다른 나라 사람이야? 우리나라 사람이야?

우리나라 사람이요.

그럼 같은 나라 사람끼리 어떻게 지내야 해?

네 성이 바뀐 걸 말해도 될까?

담임 선생님이시죠? 저 우영이 엄마예요.

네, 어머니. 무슨 일이시죠?

저기…… 우영이 성이 바뀌어서요.

아…… 네, 어머니.

그래서 우영이 친구들에게 잘 좀 말씀해 주셨으면 해서 전화드렸어요.

네, 어머니. 잘 전달해 보겠습니다. 너무 걱정하지 마셔요.

고맙습니다. 선생님.

별말씀을요. 걱정 나눠 주셔서 고맙습니다. 어머니

우영아, 잠깐만.

왜요?

너 성이 바뀌었다면서?

네? 네. 그런데요?

친구들이 알면 놀릴까 봐 엄마가 걱정하시더라고.

왜 놀려요?

그건 모르지. 우영이 생각에 친구들이 놀릴 거 같아?

아뇨.

그래. 우영이가 친구들을 믿는구나. 알았어. 그러면 성 바뀐 걸 친구들한테 말해도 될까?

네. 괜찮아요.

알았어. 고마워.

애들아!

네!

우영이 어머니가 선생님한테 한 가지 부탁을 하셨는데 너희 도움이 필요해.

뭔데요?

우영이 성이 바뀌었어. 근데 너희가 놀릴까 봐 걱정하시더라.

왜요?

너희 정말 놀릴 거야?

아뇨!

그렇구나. 우영이도 너희가 놀리지 않을 테니 알려 줘도 된대. 우영이 말이 맞는 거야?

네! 우영이 말이 맞아요.

그래. 우영이가 우리 반 모두를 믿을 수 있게 해 줘서 고마워.

엄마 없다고 놀려요

야!!! 씨* 너 죽었어. 이리 안 와?

왜 그래. 무슨 일이야?

우림이가 찬영이한테 엄마 없다고 놀렸어요.

또 그랬어?

네.

우림이 이리 와.

왜요? 저 안 그랬어요.

안 그랬는데 찬영이가 왜 화가 난 거야?

몰라요. 찬영이 엄마 못 온다고만 했어요.

뭘 못 와?

녹색이요. 그래서 맨날 쟤네 아빠가 오잖아요.

그런 말 하면 찬영이 속상한 거 몰랐어?

그게 왜 속상해요? 그냥 사실을 말한 건데요. 놀린 거 아니잖아요.

놀린 건 아니지. 근데 잊고 있다가 너 때문에 엄마가 못 온다는 걸 다시 생각하게 됐는데 기분이 어떻겠니?

찬영아. 선생님이랑 잠깐 이야기하자.

싫어요.

잠깐이면 돼. 꼭 하고 싶은 말이 있어.

뭔데요?

앉아 봐. 화났지?

네!

우림이한테 어떻게 하고 싶어?

죽여 버리고 싶어요. 흑흑…….

진짜 네 마음대로 하면 넌 어떻게 될까?

감옥 가겠죠.

가고 싶어?

…… 아뇨.

그럼 그럼. 너는 더욱 그런 데 가면 안 돼.

왜요?

지면 안 되니까.

뭘 져요?

우림이한테.

네?

우리 학교에 너처럼 엄마 아빠가 헤어진 아이들이 몇 명이나 되는지 알아?

아뇨. 몰라요.

엄청 많아. 우리나라에도 이혼한 부모가 엄청 많거든.

근데요?

그런데 이혼 안 한 집 애들보다 훌륭하게 자라서 행복하게 사는 사람도 많거든. 그래서 너도 지지 말라고, 우림이한테. 기억 나니? 잘 살아라. 그것이 최고의?

복수다.

그러니까 더 훌륭해져야 해. 할 수 있지?

꼭 같이 가면 좋겠어요

선생님, 통화 가능하세요?

네. 괜찮습니다. 그런데 누구 어머니시죠?

아, 저 정원이 엄마예요.

혹시 체험학습 때문에 전화하신 거예요?

어떻게 아셨어요?

그냥…… 정원이가 가기 싫어하는 것 같아서요.

네. 그래서 그날 가족끼리 체험학습을 가면 해서요.

수학여행은 평생 한 번인데 같이 가라고 하시죠.

싫대요. 자기 때문에 친구들이 힘들어한다고.

친구들한테 물어봤대요?

네? 뭘요?

친구들이 정원이랑 같이 가고 싶어 하는지, 정원이가 같이 갈까 봐 걱정하는지요.

애들이 힘들게 같이 가고 싶겠어요?

저는 같이 가고 싶은데요. 애들도 그럴걸요?

선생님이 어떻게 아세요?

어머니는 어떻게 아이들 마음을 아세요?

그야…… 그렇네요.

정원이를 위해서도, 다른 친구들을 위해서도 꼭 같이 가면 좋겠어요. 장애가 서로에게 짐이 아니라 서로를 이해하려는 이유라는 걸 아이들이 깨달아야 앞으로 더 나은 사회가 될 테니까요. 잘 설득해 주세요, 어머니. 부탁드립니다.

인간의 다름에 대한 존중교육

냉전 시대에 공산주의 국가인 중국과 소련을 방문하려고 결심한 어느 종교 지도자에게 한 기자는 이런 질문을 던진다. “종교를 적대시하는 이데올로기의 나라에 왜 가려는 건가요?” 그는 이렇게 답한다. “거기에 인간이 있기 때문에 갑니다.” 차이를 초월해 인간은 누구나 보편적인 고뇌를 지니고 있으며, 마음을 다한 대화에 넘지 못할 차이의 장벽 따위는 존재하지 않는다는 것이 그의 신념이었기 때문이다.

스페인의 철학자 오르테가 이 가세트Ortega y Gasset는 “문명이란 무엇보다도 먼저 공존을 위한 의지다”라고 말했다. 그렇다면 학교 교육이야말로 바로 공존을 위한 의지의 실현이어야 하지 않을까? 나는 사람의 내면에 존재하는 차이에 대한 장벽을 넘어서기 위해 교육이 필요한 게 아닐까 생각한다.

오래전부터 학교는 통합교육, 다문화교육, 양성평등교육, 인권교육 등을 통해 개인·문화·성별의 차이를 초월해 관용과 다양성에 대한 존중을 가르치기 위해 노력해 왔다. 왜 학교는 차이를 넘어선 관용과 다양성에 대한 존중을 가르치려고 할까?

지난 2001년은 유엔이 ‘문명 간 대화의 해’로 지정한 해였다. 많은 나라가 인류의 다양성을 기초로 한 발전적 상호작용이야말로 문명 발전의 원동력이며, 대화를 장려하는 국제적인 노력이 긴장을 완화하고 평화에 기여한다고 판단했기 때문이다.

세계인권선언 제1조는 '모든 인간은 태어날 때부터 자유로우며 그 존엄과 권리에 있어 동등하다'라는 문장으로 시작한다. 장애 유무, 성별, 나이, 종교, 인종, 국가, 젠더 등의 차이를 초월하여 모두가 존엄과 권리에 있어 동등하다는 뜻이다. 이것은 현실이 아니라 선언이다. 문명이 발달할수록 단 한 명도 소외되지 않고 개인의 존엄과 권리를 존중받고(민주) 존중하는(공화) 사회가 되어야 한다.

어떻게 하면 민주공화의 나라를 만들 수 있을까? 어릴 때부터 다양한 차이를 초월할 수 있다는 신념으로 마음을 다해 서로를 이해하고 공감하며 어울려 살아가는 경험이 쌓이고 쌓여 함께 사회 구성원으로 성장할 때 가능하지 않을까? 특히 학교라는 공간에서 서로 다른 계층과 문화의 또래들이 겪는 오해와 갈등의 산을 하나하나 넘어설 때 가능하지 않을까? '나는 너에 대해 잘 모른다. 그래서 알고 싶다'라는 마음으로 서로의 마음에 귀 기울여야 하는 이유가 여기에 있다고 생각한다. 우리 앞에 바로 사람이 있기 때문에.

남자가 왜 핑크색이에요?

크크크.

왜?

아니에요. 흐흐흐.

왜? 왜 자꾸 나를 보고 웃는 거야?

선생님 옷이요.

옷이 왜?

남자가 웬 핑크색이에요?

나 핑크 좋아하는데?

에엑?

진짜요?

선생님, 여자예요?

핑크가 여자 색이야?

그럼요!

옛날에는 남자 색이었는데?

진짜요?

에이, 거짓말 마요.

진짜야. 옛날 잡지 기사에도 나와. 남자 색은 핑크, 여자 색은 블루라고. 그런데 지금은 어때?

남자가 블루, 여자가 핑크요.

그런 게 고정관념이야. 자, 봐.

왜 이름을 빨간색으로 써요?

선생님 이름을 빨간색으로 쓰면 안 돼?

그거 돌아가신 분 이름을 빨간색으로 쓰는 거라고 엄마가 그랬어요.

빨간색으로 썼는데 선생님에게 무슨 일이 생겼니?

아니요!

그래. 그런 게 잘못된 생각이고 그걸 찾아서 고치려고 우리가 학교에 다니는 거야. 이제 너희도 핑크색 입어 봐.

남자 선생님이라 다행이래요

내가 담임이라 실망이야?

네!

왜?

그냥요.

애들이 선생님 무섭대요.

우리 엄마는 남자 선생님이라 다행이래요.

응? 남자 선생님이라서 왜 다행이야?

그래야 남자아이들을 잘 이해한대요.

그럼 여자아이들은 이해하지 못하겠네?

그건 모르죠.

그럼 여자 선생님들은 남자아이들을 이해 못해?

네!

여자가 남자를 어떻게 알아요?

그럼 너희 어머니는 너를 알아?

네? 알죠.

엄마가 잘 알아? 아빠가 잘 알아?

엄마가 잘 알죠.

왜 엄마가 너를 잘 알아?

그야…… 관심?

그래, 아빠보다 엄마가 더 관심이 많으니까 너를 잘 알겠지.

그럼 어떤 선생님이 좋은 거야?

관심이 많은 선생님이요.

남자냐, 여자냐가 중요해? 너희에게 관심이 있느냐, 없느냐가 중요해?

저희에게 관심이 있느냐가 중요해요.

그래. 우리 학교 모든 선생님은 너희에게 관심이 아주 많아. 좋아? 싫어?

역시 여자야!

준비, 출발!

우와, 빠르다 빨라!

29, 30, 31, 32초. 이야 대단하다, 하영아.

준비, 출발!

진짜 거북이 같아.

재호야, 힘들면 안 해도 괜찮아.

야, 진짜 느리다.

그래, 1분 20초, 21초, 22초. 82초 걸렸네. 끝까지 해내다니 훌륭해, 재호야!

역시 하영이는 남자야.

하영이가 남자니?

아니요! 여자죠!

근데 왜 남자라고 해?

빠르잖아요.

그럼 느린 재호는 남자인데 여자라고 해야 해?

네?

빠르게 들어온 하영이에게 '역시 남자'라고 부르고, 느리게

노력하는 너희가 멋져!!

들어온 재호는 '역시 여자'라고 불러야 할까?

아니요.

그럼 하영이에게는 어떻게 칭찬해야 해?

진짜 빠르다고 해야 해요.

재호한테는 어떻게 응원해야 할까?

끝까지 포기하지 않아서 멋지다고 해야 해요.

그래, 잘 알고 있네. 앞으로도 아는 대로 할 수 있지?

남자라서 그렇다는데?

너희들 들어 봤니?

뭘요?

남자아이나 여자아이 중에 누가 더 키우기 쉬운지?

우리 아빠가 그러는데 딸 낳으면 금메달, 아들 낳으면 동메달이래요.

진짜? 왜 사람들은 그렇게 말할까?

남자아이들은 키우기 힘들어서 그런 거 아니에요?

왜 키우기 힘들어?

말 안 듣고 맨날 장난쳐서요.

진짜 남자라서 그래?

아뇨! 저는 안 그래요.

그렇지? 안 그런 사람, 손!

저요!

저요!

저요!

그럼 학교에서는 어때?

뭐가요?

누가 책상 정리도 잘하고, 수업도 열심히 들어?

그야 여자가 더 잘하죠!

그야 남자가…… 더 잘하죠.

남자는 책상 정리도 못하고 수업도 대충 들어?

네!

아니요!

정말 다들 여자아이들이 더 잘한다고 생각하는 거야?

네!

아니요!

선생님은 아니라고 생각하는데.

그럼 남자가 더 잘한다고 생각하시는 거예요?

아니.

그럼 누가 더 잘한다고 생각하시는 거예요?

여자라서 혹은 남자라서가 아니라 잘하는 사람이 잘하는 거라고 생각해.

에이, 그게 무슨 말이에요!

남자라서 책상 정리도 못하고, 공부도 안 한다는 건 누구를 무시하는 거야?

남자요.

여자라서 운동을 못한다고 하는 건 누구를 무시하는 거야?

여자요.

열심히 하고 안 하고는 남자, 여자의 문제야? 아니면 그 사람의 문제야?

그 사람이요.

남자라서 키우기 힘들다는 말은 옳을까? 틀릴까?

틀려요!

그 말이 틀렸다는 걸 어떻게 증명할 수 있어?

네?

남자라서 키우기 힘들다거나, 남자아이라서 책상 정리도 안 하고 공부도 안 한다는 생각이 옳아? 틀려?

틀려요!

그 말이 틀렸다는 걸 너희가 보여 줘. 할 수 있지?

남자들이 역차별당하는 거 아니에요?

내년에 누구 뽑으실 거예요?

내년에? 대통령선거 말하는 거니? 글쎄, 뽑을 사람이 없네.

애들이 **당은 절대 안 된다던데요.

왜?

거기까지는 안 물어봤어요.

네 생각은 어떤데?

잘 모르겠어요. 근데 페미는 아닌 거 같아요.

응? 페미니즘? 페미니즘이 뭔지 알아?

네. 양성평등 아니에요?

너는 양성평등의 뜻을 알아?

남자와 여자를 차별하지 말자는 거 아니에요?

왜 차별하지 말자는 거야?

그야 여자들이 옛날에 엄청나게 핍박받아서 그렇죠.

그럼 지금은?

지금은 좀…….

지금은 어떤데?

오히려 남자들이 역차별당하는 거 아니에요?

너도 당했어?

아뇨.

그럼 네 친구들이 역차별당했대?

모르겠어요.

그럼 느낌이야?

어…… 남자만 군대 가잖아요.

군대는 누가 만들었을까? 남자야? 여자야?

군대요? 남자겠죠.

군대 가고 싶어?

아뇨. 싫어요.

왜 싫어? 밥도 주고 잠도 재워 주고 옷도 주고 좋잖아.

무섭고 힘들잖아요.

뭐가 무섭고 힘들어?

그냥 유튜브 봐도 그렇고, 훈련도 힘들고, 전쟁 나면 제일 앞에 나가야 하잖아요.

또 없어?

그 뭐냐…… 선임병들이 괴롭히잖아요

왜 괴롭혀?

자기 말 안 듣는다고 막 때리고 그러던데요.

선임병이 후임병보다 뭐가 높아?

지위요.

지위가 높으면 아랫사람을 함부로 해도 돼?

아뇨!

그게 페미니즘이야.

네?

남자 중에 지위가 낮은 사람, 힘이 약한 사람이 있어?

있죠.

그런 사람들을 함부로 대해야 해? 존중해야 해?

존중해야죠.

지위가 낮은 사람, 힘이 약한 사람은 주로 남성일까? 여성일까?

여자겠죠. 근데 여자들도 남자들을 함부로 대하잖아요.

맞아. 그런 사람도 많지. 그럼 페미니즘이 잘못된 거야? 그 사람이 잘못된 거야?

그 사람이요.

잘못한 사람을 비난하고 무시하고 따돌리는 게 페미니즘일까? 아니면 너랑 나랑 이렇게 대화로 오해를 푸는 게 페미니즘일까? 어떤 게 더 인간다워?

고정된 성 역할이라는 오래된 걸림돌

남중, 남고를 졸업한 이후로 나는 늘 여성이 다수인 사회에 머물렀다. 교육대학, 초등학교, 교육대학원, 상담심리대학원 등 내가 근무하고 공부하는 곳은 전부 여초 사회였다. 여초 사회에서 경험한 여성들은 대부분 나보다 우월했다. 그들은 수업도, 생활지도도, 공부도 잘했다.

나도 결혼하고 아이가 태어나면서 아내의 삶을 가까이에서 지켜보았다. 나보다 아내를 찾는 아이를 두고서도 아내가 직장에서도 가정에서도 훌륭하게 자신의 역할을 해내는 모습을 보며 분발해야겠다는 마음을 먹은 적이 한두 번이 아니었다.

어느새 학교에는 남자 교장보다 여자 교장이, 남자 교감보다 여자 교감의 수가 더 많아졌다. 가사양육을 전담하면서 교감이 되고, 교장이 된 여성들이 많았다. 반면 남자 교장은 가사 양육은 여성의 몫으로 미뤄두고 올라선 남성이 대부분이었다.

학교만 그럴까? 우리 사회의 유리천장을 뚫고 올라선 수많은 여성은 남성보다 힘겨운 싸움을 벌여 그 자리에 이르렀다. 남동생을 돌보는 누나, 오빠를 챙기는 여동생은 익숙해도 여동생을 챙기는 오빠, 누나를 챙기는 남동생은 어색하다. 그만큼 돌봄은 여성의 역할이란 고정관념이 뿌리 깊다. 어릴 때부터 자신보다 연약한 타인을 돌보는 행위에 노출된 여성은 언어발달은 물론 공감 능력도 발달하기 쉬운 조건인 셈이다. 따라서 남성과 비교해 여성이 위계보다 대화를 통한 의사소통에 능숙할 가능성 또한 높다.

이제는 우리 사회에 과거보다 수평적인 조직문화가 주류를 이룬다. 힘과 같은 신체 능력이나 나이 등의 위계질서를 중시하는 남성문화는 주목받기 어려워지는 반면, 타인의 아픔에 공감할 줄 알고 대화를 통해 소통하기를 선호하는 여성문화가 힘을 발휘하기는 쉬워졌다. 그렇다면 페미니즘교육은 결국 고정된 성 역할에서 벗어남으로써 위계와 상관없이 동등한 입장에서 타인에게 공감할 줄 알고 물리적 힘을 대신해 대화를 통해 평화적인 의사소통을 선호하는 수평적 사회문화에 적응하려는 남성들에게 꼭 필요한 교육이 아니겠는가.

조금 다른 예로, 남자아이는 여자아이와 비교해 정리를 잘하지 못하고, 각종 준비물이나 수행평가를 챙기지 못한다는 편견이 뿌리 깊다. 이윽고 남자아이는 이런 사회적 고정관념을 자기 행위의 근거로 삼는다. 자신이 남자라서 못 챙기는 것이라고 말이다.

남자아이만 그럴까? 크레이그 라이트의 『히든 해빗 』(2021)에 소개된 이야기를 살펴보자. 소설가 '캐서린 니콜스'는 자신이 쓴 소설의 출판을 대행할 의향을 묻는 편지를 출판대행사 '50곳'에 보내고, 똑같은 편지를 '조지 레이어'라는 남자 이름으로 다른 출판대행사 '50곳'에 보냈다. 놀랍게도 '캐서린'이 보낸 편지는 단 2곳에서, '조지'가 보낸 편지는 17곳으로부터 원고를 검토하겠다는 답장이 왔다. 더 놀라운 건 출판대행사 직원 절반이 여성이고, 편집자 절반 이상이 여성이었다는 점이다. 왜 이런 현상이 나타났을까? 여성의 롤 모델로 삼을 만한 여성이 여전히 적고, 멘토로 삼아 교류할 동시대 여성도 적기에 여성 스스로 남성이 가진 편견을 답습하게 된다는 것이다. 그래서인지 2013년 하버드대학교에서 실시한 '성별·직업 관련 내재적 편향 검사'에서, 여성이 있어야 할 자리와 관련된 고정관념을 여성이 남성보다 5%나 더 높은 80% 비율을 나타냈다. 그만큼 여성 자체의 가능성 제한을 여성 스스로 내면화하고 있었다는 뜻이다.

모든 아이는 제각기 다르다. 고정된 성 역할이 있다는 내재적 편향은 아이 모두가 가진 재능을 마음껏 발휘할 가능성을 제한하는 걸림돌이 된다. 이를 인식하고, 보이지 않는 우리 안의 성 역할이란 벽을 드러내고 넘어뜨려야 한다. 단 한 명의 아이도 빠짐없이 서로의 존재를 인정하고 응원하고 격려하며 자기다운 삶을 살아가도록 하는 것이 우리 교육이 나아가야 할 방향이다.

4부

아이와 함께하는 당신에게

그냥 넘어가는 것이 아이에게 더 해롭다

선생님, 혹시 저녁때 시간 좀 되세요?

무슨 일 있어요?

우리 학교에서 교권 침해 사례가 있었어요. 화상수업 중에 아이들끼리 단톡방을 열어서 선생님 욕을 어마어마하게 했어요.

네? 저런……. 근데 그걸 어떻게 아셨어요?

그 방에 있던 아이 하나가 알려줬대요.

왜요?

그 아이가 하지 말라고 했는데도 다른 애들은 개의치 않고 계속했나 봐요. 그래서 카톡을 캡처해서 선생님께 보내 준 모양이에요.

그건 교권보호위원회를 열어서 처벌해야죠.

근데 교감 선생님이 그냥 넘어가자고 하시네요. 아이들이 그럴 수도 있는 거 아니냐고요.

넘어가는 게 오히려 아이에게 해가 되는데요. 근데 그냥 넘어가자는 이유가 있을 수도 있겠네요.

이유가 뭔데요?

아이들이 처벌받으면 기록이 남잖아요. 그럼 학부모들이 가만히 있겠어요?

자기 아이 진학에 문제가 생길까 봐서요?

그렇죠. 교감 선생님이 그 민원을 감당하기 부담스러우니 넘어가자고 하시는 게 아닌가 해요.

그렇겠네요. 그럼 어떻게 해요?

잘못한 걸 지적하고 처벌하지 않으면 아이들은 그래도 된다고 생각하겠죠.

그렇죠.

그게 오히려 아이들에게 해가 되니까 반드시 교권보호위원회를 열어야 한다고 말씀하시는 건 어떨까요?

그래도 넘어가자고 하면요?

아이들이 잘못을 모르고 좋은 학교에 진학하는 것이 더 큰 문제라고 말씀해야겠지요. 남을 함부로 대하는 사람이 좋은 학교에 진학하는 것은, 아이를 위해서도 사회를 위해서도 해가 될 테니까요.

누가 뭐래도 선생님 반 학생이니까

선생님, 잠깐 이야기 좀 할 수 있을까요? 저희 반 혜진이 아시죠?

네. 알아요. 혜진이가 왜요?

얼마 전에 혜진이가 나가는데 민주가 뒤에서 "꺼져"라고 했어요. 그때 갑자기 혜진이가 큰 소리로 우는 거예요. 선생님도 아시겠지만 그 애가 친구들이랑 사이가 나빴잖아요.

그랬죠. 울고 나서 어떻게 되었어요?

사실 나중에 제가 혜진이 이야기를 듣고 너무 놀라서 어떻게 해야 할지 너무 고민이 되더라고요.

혜진이가 뭐라고 했는데요?

혜진이가 약을 먹는대요. ADHD 약이요. 사실 그래서 좀 차분해졌구나 싶었거든요. 그런데 그때 "꺼져"라는 말을 듣고 울면서 집에 갔는데 방 안에 끈이 보이더래요…….

설마…….

네…… 그 말을 듣는데 제가 너무 가슴이 아픈 거예요. 이 아이들을 어떻게 하면 좋아요, 선생님?

민주가 혜진이한테만 함부로 대하나요?

아뇨. 사실 민주도 부모님이랑 갈등이 심해요. 그래서 늘 위축되어 있고 애들한테 함부로 말할 때도 많아요.

혜진이는 부모님이랑 사이가 어때요?

혜진이도 어릴 때부터 야단을 많이 맞았더라고요. 그래서 친구들이 지적하면 크게 화를 내거나 우는 일이 많아서 애들이랑 사이가 좋지 않았어요. 그래도 지금은 부모님이 노력을 많이 하세요. 혜진이 야단친 일에 대해서 후회하신다고 하더라고요.

다른 애들은 혜진이가 어떤 아이라고 해요?

혜진이가 맨날 지각하기는 하는데 예전보다 많이 노력하고 있다고 말해요. 그래서 사이도 예전보다는 좋아졌어요. 근데 민주랑 이런 일이 생겨서 어쩌면 좋아요?

선생님은 혜진이의 학교생활이 어땠으면 좋겠어요?

행복하면 좋겠죠.

저라면 혜진이한테 선생님의 그 마음을 전할 것 같아요. '친구들이 너를 지각하는 혜진이라고 생각하지 않았으면 좋겠어. 친구들이 너를 게으른 아이라고 생각할까 봐 속상해. 부모님도 친구도 네 마음을 모르잖아. 아무것도 모르는 사람들 말에 지지 말고 네가 얼마나 훌륭한 아이인지 네행동으로 보여 주면 좋겠어. 네가 신나고 즐겁게 학교생활을 하면 좋겠어. 누가 뭐라고 해도 혜진이는 선생님 반 학생이니까. 할 수 있지?'라고요. 한번 해보시겠어요, 선생님?

통합교육이 미래 교육이거든요

선생님. 잠깐 시간 되세요?

네, 선생님. 괜찮습니다. 말씀하세요.

저희 반 특수 아동 때문에요.

민호요? 민호가 힘들게해요?

아뇨. 민호야 뭐 괜찮은데요. 애들이랑 학부모님들이 싫어해요.

누구 부모님이요?

석호 어머니도 그렇고, 현서 아버지도 전화하셔서 우리 애들 학습권 침해당하는 거 어떻게 할 거냐고 막 따지셔서요.

지금 2학년이죠? 이제 한 달 지났죠?

네.

애들이 몰라서 그래요.

뭘요?

특수 아동이랑 같이 지내본 경험이 적어서 그렇다고요. 애들이 막 민호 싫다고 그래요?

아뇨. 그냥 민호가 소리 지르거나 손뼉 치면 인상 찌푸리고 저한테 왜 그러냐고 물어요.

그 반에 민호 말고도 소리 지르는 아이 있지 않나요?

준영이요?

네. 준영이 소리 지를 때도 애들이 물어봐요?

아뇨.

민호가 소리치고 손뼉 치는 거에는 관심이 있네요?

네?

민호가 소리 지르는 것은 궁금하고 준영이가 소리 지르는 이유는 안 궁금해하잖아요.

그렇죠.

그걸 물어보세요. 왜 민호만 궁금한지.

왜요?

선생님은 아이들이 왜 민호만 궁금해한다고 생각하세요?

그야…… 아, 알겠어요, 선생님. 그럼 학부모님한테는 뭐라고 하는 게 좋을까요?

학교 다닐 때 특수 아동이랑 같이 공부한 적 있으신지 여쭤보세요.

왜요?

그런 경험이 없어서 학습권을 침해당한다고 생각하시는 것 같거든요.

그런데 솔직히 민호가 수업 방해하는 거 아닌가요?

수업 방해는 민호만 하나요?

네?

다른 친구들은 수업에 열심히 참여하냐고요.

그야 2학년이니까…….

다른 친구들이 수업 방해한다고 학습권 침해라면서 학부모 민원이 들어온 적 있어요?

아뇨.

그렇죠. 이제 2학년인데요. 근데 왜 민호한테만 학습권 침해라고 할까요?

그야…… 아, 그렇네요.

아이들도 학부모님도 만나 본 적이 없어서 그래요. 그러니까 걱정하지 마시고 선생님한테 맡겨 달라고 하세요. 부모님 때보다 더 잘 배울 거라고요.

뭘 더 잘 배울 거라고 말하나요?

같이 지내는 법이요. 공부도, 같이 어울려 지내는 법도 어릴 때부터 우리 아이들이 배울 거라고요. 부모님 때 못했던 통합 교육이 미래 교육이거든요.

미래 교육이요?

네. 모두가 어울려 사는 사회를 만드는 교육이 학교 교육의 목표거든요. 그래서 우리 학교 비전이 '빛나는 나와 너, 함께 하는 우리'잖아요.

수업 시간에 대체 어디 가니?

주형아. 수업 시간인데 어디 가니?

보건실이요.

보건실은 위층인데?

아, 화장실이요.

너희 교실 앞이 화장실이잖아.

아, 그냥 답답해서요.

선생님한테 말씀 드렸어?

네.

뭐라고 했는데?

화장실 간다고요.

여기는 밖으로 나가는 길인데?

아…… 그래요? 올라갈게요.

저기 주형이 아니에요?

어디요? 어? 쟤가 어디 가지?

내가 가 볼 테니 선생님은 담임한테 가서 부모님께 연락하라고 하세요.

네. 교감 선생님.

여보세요? 주형이 아버지시죠? 여기 **초입니다.

네, 그런데요. 무슨 일이시죠?

주형이가 학교를 나가서 저희 선생님이 쫓아가셨습니다. 주형이에게 전화하셔서 학교로 돌아가라고 이야기해 주세요.

아니, 어떻게 했길래 애가 학교를 나가요?

화장실 간다고 하고는 학교 밖으로 나갔네요.

아니, 그럼 학교 문을 지키는 사람도 없어요?

네. 지키는 분이 잠깐 화장실 간 사이에 그런 모양입니다.

그럼 문을 잠가 놔야죠!

학교에 오가는 외부인들이 많아서 그럴 수가 없습니다.

애한테 무슨 일이 생기면 가만있지 않을 거예요!

네. 죄송합니다.

제 아이는 제가 가르쳐요

여보세요? 3반이죠?

네, 그렇습니다. 누구시죠?

그 반 아직 안 끝났나요?

네, 무슨 일이시죠?

수업 끝나지 않았나요?

끝나고 이야기하는 중입니다만 누구신데요?

우리 애가 학원 가야 할 시간인데 왜 안 끝난 건가요?

누구시냐고 여쭈었습니다.

우리 애 학원 차 기다리니까 빨리 내려보내세요.

혹시 민혁이 어머니신가요?

네.

민혁이가 숙제를 안 해서 이야기하는 중입니다.

제 아이는 제가 알아서 가르치니까 어서 보내세요. 애가 싫다는데 남기는 거 아동학대예요. 저도 가만있지 않겠습니다.

네? 다시 말씀해 주세요, 어머니.

애가 싫다는데 왜 남기냐고요.

수업 시간에도 손가락으로 욕하고 숙제도 자꾸 안 해서 따로 이야기하려고 남겼습니다.

그러니까 제가 알아서 한다고요. 학원 가야 하니까 어서 내려보내세요. 안 그러면 저 가만있지 않겠습니다.

알겠습니다. 그러면 이번에는 어머니 말씀을 믿고 보내겠습니다. 다음에 또 이런 일이 생기면 제가 지도하겠습니다. 괜찮으시죠?

어머니 잘못이 아니에요

천경호 선생님?

네, 교감 선생님.

그 반에 특수 아동 없죠?

네. 그런데요?

지금 전학생 한 명 올라갔어요. 잘 챙겨 주세요.

네, 교감 선생님.

안녕하세요. 천경호 선생님이신가요?

네, 전학 온 아이가 이 아이군요.

네, 선생님. 잘 부탁드립니다.

네, 어머니. 제가 아이에 대해 알아야 할 것이 있다고 들었어요. 이따가 전화드릴게요, 어머니. 어서 들어가셔요.

여보세요? 성재 어머니신가요?

네, 선생님. 힘드셨죠? 죄송해요.

네? 뭐가요?

저희 아이 때문에…….

원래 아이들 키우고 가르치는 일이 다 힘들잖아요, 어머니. 제가 알아 두어야 할 것이 있으면 알려 주셔요. 미리 알아야 성재가 적응하는 데 도움을 줄 수 있거든요.

아……네. 죄송합니다, 선생님.

어머니!

네, 선생님.

왜 자꾸 죄송하다고 하세요?

저희 아이 때문에 힘드셨잖아요.

성재 아니어도 다른 아이들 가르치는 것도 힘들어요, 어머니.

그러니까요. 힘드신데 제 아이가 더 힘들게해 드린 것 같아서요.

힘든 만큼 배우는 것도 많아요. 제가 배우고 실천한 만큼 아이들도 잘 자라서 저에게도 도움이 됩니다. 그러니 그런 말씀 마세요.

성재도 저 때문에 고생하는 것 같아 늘 미안해요.

어머니 덕분에 잘 먹고, 잘 자고, 학교도 잘 다니는데 왜 미안해하세요?

제가 건강하게 낳았다면 이렇게 고생할 일도 없었겠죠.

어머니……, 어머니 잘못이 아니에요.

아니에요, 선생님. 제 잘못입니다. 저 때문이에요.

어머니. 성재의 장애는 어머니 탓도, 성재 탓도, 누구의 탓도 아니에요.

그래도 제가 잘했으면 그럴 리 없겠지요.

어머니 탓이 아닌데 어머니 때문이라고 여기시면 성재도 힘들어합니다.

왜요? 왜 저희 성재가 힘들어해요?

엄마 때문이 아닌데 엄마가 미안해하니까요.

사람들이 싫어하잖아요. 성재도 사람들이 자기를 이상하게 쳐다보는 걸 얼마나 싫어하겠어요?

자신과 다르다고 싫어하는 게 훌륭한 건가요? 이상하게 쳐다보는 게 당연한 건가요?

그건 아니죠…….

사람들이 몰라서 그래요. 저도, 저희 반 아이들도 잘 몰라요, 성재를 어떻게 대해야 하는지. 그래서 배워야 해요. 같이 어울려 봐야 함께 지내는 법을 배우지요. 학교 다닐 때 배워야 어른이 되어서도 함께 어울려 살 수 있잖아요.

어머니
잘못이
아니에요

교사가 하는 일이 뭘까요?

감사합니다. **초 교무실입니다. 무엇을 도와 드릴까요?

거기 지금 선생님들 뭐 하세요?

네?

아니, 지금 선생님들 업무 시간 아니에요?

그런데요? 무슨 일이시죠?

제가 아이 가방 찾으러 교실에 가다가 봤는데요, 선생님들끼리 모여서 책 읽고 잡담하던데 지금 그래도 되는 거예요?

아, 교사 동아리 말씀하시는 거군요.

동아리요? 학교가 선생님들 동아리 활동이나 하는 데예요?

아동 인지와 정서 관련 도서를 같이 읽고 사례를 나누고 있습니다.

아니, 그걸 왜 근무 시간에 하냐고요! 집에 가서 해야지!

네? 아이들 사례를 나누고 더 잘 가르치기 위해 교사들이 공부하는 게 잘못된 건가요?

학교에서 일을 해야지, 왜 공부를 하냐고요! 누구 좋으라고. 시간이 남아도니까 여유 있게 책이나 읽고 있는 거 아니에요!

그럼 어떤 일을 해야 한다고 생각하시는 거예요?

그렇게 여유가 많으면 방과후에 애들이라도 돌봐야죠. 아니면 청소라도 하든가.

아이들 가고 나서 평가 내용 정리하고, 아이들 공부하고 생활하는 모습을 서로 이야기하고, 선생님들끼리 의견을 나누어야 더 잘 가르칠 수 있어요. 그래서 모이는 거예요, 어머니.

그러니까 그런 건 퇴근하고 하시라고요.

어머니는 아이들이랑 같이 있어야만 교사가 일을 한다고 생각하시는군요.

그럼 그게 선생이 할 일 아니에요?

그걸 잘하려고 모여서 연찬하는 것도 저희 교사들의 일입니다. 이게 선생이 해야 할 가장 중요한 일이에요, 어머니.

그러니까 떼어 놓아야죠

세현이 어떻게 지내요?

승오랑 매일 같이 놀아요. 김 선생님.

아이고, 큰일이다.

왜요?

걔네들 모여서 다니다가 사고 칠 거예요.

어떻게 아세요?

세현이, 승오 둘이 사고 친 거 모르세요?

알아요.

그러니까 떼어 놓아야죠.

아이들이 사고 칠까 봐 걱정하시는 거죠?

네. 그러니까 떼어 놓자고요.

말씀해 보셨어요?

뭘요?

같이 다니면서 사고 칠까 봐 걱정된다고요.

에이, 그걸 어떻게 말해요. 애들 기분 나쁘게.

그거예요.

네? 뭐가 그거예요?

그 걱정이 사실이 아니라는 걸 보여 달라고 말씀해 보세요.

제가요?

제가 하는 것보다 김 선생님께서 하시는 게 낫지 않을까요?

어떻게요?

아이들을 모으세요. 그리고 걱정하는 마음을 그대로 전해 보세요. 아이들이 모여서 사이좋게 지내는 모습을, 더 열심히 학교생활 하는 모습을 보여 달라고요. 다른 사람들의 걱정이 기우였다는 걸 너희가 증명해 달라고요.

우리 애가 혹시 ADHD 아닐까요?

속상해 죽겠어요.

무슨 일이신데요?

현수가 집중을 못해요. 하루 종일 공부해도 영어 단어를 한두 개밖에 기억하지 못해요.

하루 종일이요?

하루 종일은 아니고요. 하루 3시간씩 영어 학원에 다니거든요. 그런데도 저 모양인 걸 보니 혹시 ADHD가 아닌가 싶어서요.

누가 ADHD라고 그래요?

그냥 뭐 주변에서 혹시 모르니 검사 한번 받아 보라고 하더라고요.

이제 초등학교 2학년인데요?

빨리 진단을 해야 치료를 받죠.

친구랑은 놀아요?

학교 끝나고 바로 학원 가는데 놀 시간이 어디 있어요?

집에 가면 뭐 해요?

저랑 책을 읽거나 그날 공부한 거 복습하죠.

그럼 안 놀아요?

주말에 맨날 나가요. 캠핑도 가고, 도서관도 가고.

A
B
C
D
E
F
G
H
I

학원 가고 싶냐고 물어보셨어요?

그걸 왜 물어봐요.

왜 안 물어보세요?

애가 하고 싶겠어요?

그래서 산만한 거예요.

네?

어머니, 회사 다니세요?

아뇨. 그만뒀어요. 아이한테 중요한 시기라.

아이도 알겠네요.

뭘요?

엄마가 나 때문에 회사를 그만뒀다는 걸요.

그게 왜요?

현수가 학원 다니기 싫다고 말한 적 있어요?

아뇨. 없어요.

엄마가 나 때문에 회사도 그만두었다는 걸 아이가 알죠. 엄마는 학원에 가기를 바라죠. 아이가 거절할 수 있을까요?

싫으면 싫다고 말하라고 했어요.

그럼요. 그래도 엄마가 원하는 게 뭘까요?

그야…….

직장에서 듣기 싫은 연수 들을 때 집중이 잘되시던가요? 아마 현수도 같은 마음 아닐까요?

왜 휴대폰 번호를 안 알려 주는 거예요?

여보세요? 준이 어머니시죠? 준이가 학교에 안 와서요. 준이도, 어머니도 전화를 안 받으셔서 지금 댁으로 가는 중이거든요.

준이 아파서 안 갔어요. 안 오셔도 돼요.

그럼 연락을 주지 그러셨어요. 오전 내내 연락을 안 받으셔서 저희가 걱정했거든요.

선생님 연락처를 안 가르쳐 주셔서 그렇잖아요.

네? 학교로 전화하시면 연결해 드리는데요.

학교로 전화했더니 안 받던데요.

몇 시에 하셨어요?

7시요.

숙직 기사님이 연락 온 거 없다고 하시던데요?

선생님 휴대폰 번호는 왜 안 알려 주는 거예요?

네?

담임 선생님 번호를 알려 줬으면 제가 연락했을 거 아니에요?

늦은 밤이나 새벽에 연락하는 분들이 계셔서요.

누가요? 제가요?

아뇨. 가끔 그런 분들이 계셔서 안 알려 드리고 있습니다.

저희 반 학부모 중에 그런 사람이 있어요?

아뇨. 그건 모릅니다.

근데 왜 안 알려 줘요?

모르니까요.

네?

언제 누가 밤늦게 이유 없이 연락하실지 모르거든요.

안 하잖아요.

지금까지 안 했지만 앞으로 하실지 몰라서요. 작년에 교사 개인정보와 관련한 심각한 사건이 있었습니다.

무슨 사건이요?

교사를 10년 동안 스토킹하며 괴롭힌 사건이 있었어요.

네? 그럼 제 아이가 선생님을 스토킹할 거란 말씀이에요?

아뇨. 연락처가 공개되면 누군가 스토킹할까 봐 선생님들이 불안해한다는 말씀이에요.

누가 불안해해요?

담임 선생님들이요. 그런 일로 선생님이 괴로워서 학교에 출근하기 힘들어한다면 그 피해는 고스란히 아이들에게 가거든요. 그래서 보다 안전한 통로를 통해 선생님과 연락하도록 하는 게 학교에서는 더 낫다고 판단한 거예요. 불편하더라도 이해해 주시기를 부탁드려요, 어머니.

아버님부터 사과하세요

아버님, 안 좋은 일로 연락드리게 되어 죄송합니다.

아닙니다. 제 아들이 잘못한 건데요. 제가 죄송합니다.

아버님은 어떻게 하셨어요?

크게 혼냈습니다. 한 번만 더 그러면 가만두지 않겠다고 잘 이야기했습니다.

가만두지 않겠다고 하셨으니 아이가 무서워했겠군요.

아빠 무서운 줄 알아야 나쁜 짓을 안 할 테니까요.

아빠가 무서워서 잘못을 감추는 거예요, 아버님. 잘못한 것을 인정하는 게 쉬울까요? 감추는 게 쉬울까요? 아빠가 가만두지 않겠다고 했는데 아이가 잘못을 인정할까요? 감출까요?

글쎄요, 감추겠죠…….

혹시 아이 혼낼 때 매를 드셨어요?

아뇨. 매를 들지는 않았습니다.

그럼 혹시 욕을 하셨나요?

네? 욕이라면 욕일 수 있고, 아니라면 아닐 수 있겠죠.

그렇게 화낸 일에 대해 아드님께 사과하셨어요?

네? 잘못은 아들이 했는데 왜 제가 사과를 하죠?

아드님은 화가 났다고 친구를 함부로 대했습니다. 아버님도 그래서 화나신 거 아니에요?

그렇죠.

화가 난다고 아드님께 함부로 대했으니 잘못을 인정하시고 사과해 주세요, 아버님. 그래야 아드님도 진심으로 친구에게 사과할 수 있습니다. 부탁드립니다.

미안해
으아앙!

아이의 세상과 어른의 세상, 모델링의 시작

'아이 앞에서는 냉수도 함부로 못 마신다'라는 속담이 있다. 의식하지 못하는 사이에 아이가 본보기가 되는 어른의 행동을 배우기 때문이다. 아이는 자신을 대하는 어른의 방식으로 친구를 대하기 쉽다. 무슨 말일까?

한 아이가 있다. 아이의 부모는 허락도 구하지 않고 아이의 휴대폰을 들여다봤다. 작은 잘못도 까닭을 듣지 않고 야단부터 쳤다. 그래서일까? 아이도 친구의 휴대폰을 함부로 들여다보고 친구의 잘못을 발견하는 즉시 비난부터 했다. 부모는 자신들보다 낮은 위계에 있는 아이의 사적인 경계를 무시했고, 미성숙하기에 저지를 수 있는 실수를 아이의 무능력으로 치부했다. 아이 역시 같은 방식으로 친구를 대했다. 친구의 물건을 허락 없이 가져다 썼고, 작은 실수에도 가차 없이 비난을 퍼부었다. 부모가 자녀를 대하듯, 자녀는 친구를 대했다.

아이는 가장 가까운 사람에게 물들기 쉽다. 가족은 가장 오랫동안 마주 보며 지내야 하는 타인이다. 아빠가 엄마를 대하는 태도를 통해 남성은 여성을 대하는 태도를 배운다. 엄마가 아빠를 대하는 태도를 통해 여성은 남성을 대하는 태도를 배운다. 가부장 문화의 전승은 학교가 아니라 가정에서 이루

어져 왔다.

인류의 절반이 여성이다. 모든 인간은 자기를 실현할 권리가 있다. 한 사람도 빠짐없이 자기를 실현하는 사회에 일방적인 희생이나 순종이 존재해서는 안 된다. 부모의 일방적인 희생이 자녀에겐 부모의 기대에 부응해야 하는 부담이 될 가능성이 크고, 부모에게 순종해야 한다는 의식이 아이 스스로 자율성을 의심하게 만들 수 있기 때문이다.

지나치게 자녀의 행동에 간섭하고, 사사건건 학교와 교사의 교육 행위에 개입하는 부모를 '헬리콥터 부모helicopter parents'라고 부르거나 자녀를 위해 무슨 일이든 해결해 주는 부모를 '제설기 부모snowplow parents'라고 칭하는 사회적 배경에는 스스로 살아갈 힘을 기르지 못한 채 어른이 된 이들이 일으키는 여러 가지 사회 문제가 있다. 따라서 부모는 아이가 자기 삶을 스스로 결정하고 책임질 기회를 늘리며 서서히 물러나야 한다. 부모의 역할도 아이가 자람에 따라 달라져야 하고, 아이도 자신의 문제를 스스로 책임질 기회를 점차 늘려가야 한다. 가정에는 부모가, 학교에는 교사가 존재한다. 가정과 학교라는 안전한 공간에서 실수나 실패에도 책임을 다하도록 격려하고 지지해야 하는 것이다.

언젠가 교실로 전화 한 통이 왔다. '체육 시간에 아이 혼자 운동장에서 교실로 들어가는데, 혹시 친구들이 따돌리는 것 아니냐'라는 학부모의 전화였다. 또래보다 체구가 작은 편인 아이를 걱정하는 마음에 아이가 등교하면 베란다에 앉아서 학교를 지켜보신 모양이었다. 사실 아이의 또래 관계는 좋지 않았다. 친구들의 일상적인 말과 행동을 자신을 무시하는 행위로 인식해서 화내는 일이 많았고, 이유도 모른 채 화를 내는 아이를 좋아하는 친구들은 거의 없었다. 어쩌면 어머니의 걱정이 그대로 아이에게 전해진 것이 아닐까 싶었다.

그래서 어머니께 부탁을 드렸다. 종일 학교를 지켜보는 게 힘들지 않으시냐고, 아이가 학교에 가면 친구도 만나고 하고 싶은 것도 하시라고. 다행히도 어머니가 하고 싶은 일을 찾아 직장에 다니게 되면서 아이도 친구 관계가 좋아졌다. 부모가 학교를 바라보는 관점 그대로 아이가 친구를 바라보고, 부모가 세상을 바라보는 관점 그대로 아이가 세상을 바라보는구나, 새삼 깨달았다. 아이들을 지켜보며 나는 배우게 되었다. 부모가 부모의 삶을 살아갈 때 아이도 아이의 삶을 제대로 살아간다는 것을.

왜 안 혼내요?

동우 담임 천경호입니다. 동우 어머니시죠? 오늘 학부모 상담이라 전화드렸습니다.

네. 선생님. 알고 있어요. 거기 정국이 있죠?

네. 있습니다. 정국이는 왜요?

걔가 그렇게 떠들고 장난친다면서요?

네. 그렇습니다. 잘 아시네요.

네, 동우가 그러는데 정국이 안 혼내신다면서요?

네?

떠들고 장난쳐도 안 혼내신다던데요?

혼을 내지는 않습니다.

그러니까 애가 그 모양이죠.

네?

애를 무섭게 혼을 내야 말을 들을 거 아니에요.

무섭게 혼을 내야 말을 듣는다고 생각하시는 거예요?

그럼 혼을 내야 말을 듣죠.

아드님은 부모님이 무섭게 혼을 내서 말을 잘 듣게 되었나요?

네?

무섭게 혼을 내면 골고루 먹고, 일찍 자고 일찍 일어나고, 스스로 숙제하게 될까요?

그래도 떠들고 장난치지는 않겠죠!

네. 무서운 부모님이 계실 때는 잘 듣겠죠. 무서운 부모님이 안 계실 때는 어떻게 할까요?

그거야…….

부모님이 안 계셔도 아이가 스스로 잘하게 만들려고요.

그게 안 되잖아요.

그걸 되게 하는 게 교육이거든요.

네?

교사가 없어도 스스로 아이들이 잘하게 하려고 제가 교육하는 거예요. 그러니 저를 믿어 주세요. 부탁드립니다.

모자라는 애 때문에

희수 담임 선생님이세요?

네, 제가 희수 담임입니다.

그 반에 모자란 애가 있다면서요? 왜 소리 지르고 손뼉 치는 애 있다면서요.

네, 진영이 말씀이시군요. 근데 모자란 게 아니라…….

아뇨. 모자란 거죠. 애가 소리 지르고 손뼉 치는데 선생님은 왜 가만히 계세요? 우리 애가 얼마나 스트레스를 받는지 아세요? 어쩌실 거예요?

진영이도 스트레스를 받습니다.

걔가 무슨 스트레스를 받아요?

자신을 싫어하는 사람이랑 같이 지내야 하거든요.

걔를 좋아하는 아이도 있어요?

많이들 좋아하는데요.

선생님, 지금 저 놀리시는 거예요? 저 가만히 있지 않을 거예요.

진영이랑 같이 어울려 지내는 법을 다른 아이들은 다 배웠습니다.

그런 게 어디 있어요? 근데 왜 소리 질러요?

늘 소리를 지르는 건 아니라는 걸 아이들도 알거든요.

손뼉도 치잖아요!

그때는 다 같이 손뼉 쳐요.

그럼 걔가 안 쳐요?

칠 때도 있고 안 칠 때도 있죠. 그래도 차분할 때가 더 많습니다.

그럼 애들이 스트레스를 받잖아요.

그런데도 같이 어울려서 지내는 법을 배웠습니다.

그걸 왜 학교에서 배워요! 애들 공부하는 데 방해되게.

그걸 배우는 게 공부고, 그걸 가르쳐야 하는 게 학교거든요.

지금 저 가르치시는 거예요?

왜 학교에서 가르치냐고 물어보셔서 말씀드린 거예요. 우리나라 교육법에 쓰여 있고, 세계아동인권선언에도 쓰여 있습니다.

아무튼 선생님이 그 애 관리 잘하세요.

네, 어머니도 아드님에게 진영이와 어울려 지내는 법을 잘 지도해 주세요. 부탁드립니다.

함께 사는 법을 배운 사람과 못 배운 사람

선생님, 바쁘세요?

왜요? 이 선생님 무슨 일 있어요?

아니, 지민이 때문에요.

지민이 때문에 힘드시군요.

네. 솔직히 왜 통합수업을 해야 하는지 모르겠어요. 도대체 수업을 할 수가 없어요. 학부모 민원도 심하고, 애들도 싫어하고 정말 미치겠어요.

사실 저도 지민이 때문에 힘들어요.

아니, 선생님도 힘드세요?

그럼요. 저도 사람인데요.

차라리 특수학교에 가는 게 낫지 않을까요?

거기는 더 중증인 아이들이 많아요.

그럼 어떻게 해요?

통합교육을 해야죠.

너무 힘들어요.

맞아요. 저도 정말 힘들어요. 근데 이걸 생각하면 그래도 해야겠구나 싶어요.

이게 뭔데요?

특수학교 설립 반대 시위 기억나세요?

네.

출퇴근하면서 장애인 만난 적은 있으세요?

장애인이요? 네, 있어요.

자주 보시나요?

아뇨. 가끔 보죠.

우리나라에는 장애인이 적어서 안 보일까요?

글쎄요?

집 밖에 못 나오는 사람들이 많아서 그렇대요.

왜요?

아까 그 시위 기억하시죠?

네, 어떻게 사람들이 그럴 수 있어요.

그 사람들은 어릴 때부터 장애인과 함께 사는 법을 못 배웠거든요. 그래서 저는 통합교육이 꼭 필요하다고 생각해요. 선생님은 어떻게 생각하세요?

불가능해 보이는 통합교육을 넘어서는 힘

선생님, 지난번에 해 주신 말씀 감사했습니다.

어떤 이야기요?

통합교육이 필요한 이유요. 그런데요, 저는 그래도 반대해요.

왜요?

제 생각에는 지금 우리 현실에 통합교육은 불가능한 것 같아서요.

왜 불가능하다고 생각하시는데요?

소리 지르고 뛰어다니며 수업을 방해하는 아이를 제지할 방법이 저희에게 있나요?

……앉으라고 말해야겠죠.

그 애들이 말을 한다고 듣나요?

아니요…….

선생님처럼 남자 교사가 아닌 저 같은 여자 교사는 힘으로 앉힐 수도 없잖아요. 그렇죠?

그렇죠.

선생님 같은 분이 앉으라고 하는 거랑 제가 앉으라고 하는 거랑 같을까요?

아뇨…….

또 억지로 앉히면 아동학대라고 신고당하는 일도 있다는 걸 아시잖아요.

그렇죠.

또 아이를 특수교육 대상자로 선정하자고 부모님께 말씀드리면 순순히 받아들여 주시나요?

아니죠…….

그런데 어떻게 통합교육을 하죠?

그럼 어떤 지원이 필요할까요?

선생님, 오늘부터 대학생 자원봉사 오는 거 알고 계시죠?

네. 혹시 왔어요?

네, 지금 어울림반에 있어요.

근데 전공이 뭐래요?

특수체육학요. 원래 **대 사회체육학과였는데 ㅁㅁ대 특수체육학과로 편입했대요.

안녕하세요. 저는 3~6학년 체육 전담을 맡고 있는 교사 천경호라고 합니다.

네, 저는 특수체육을 배우고 있는 박세준이라고 합니다.

궁금한 게 있는데 뭐 좀 물어봐도 될까요?

네, 선생님. 뭐든 물어보세요.

왜 특수체육학과로 가셨어요?

그냥 제가 아이들 가르치는 게 좋아서요. 발달장애 청소년 농구대회도 같이 참여하고, 자폐 아동들 운동도 가르치고 했거든요. 같이하면서 제가 배우는 게 참 많았어요.

그래도 특수체육학에 관심을 가지게 된 계기가 또 있을 것 같은데요.

음…… 제가 중학교 다닐 때 저희 반에 장애인 친구가 있었거든요. 그 친구랑 지내면서 관심이 생겼어요.

학교 다닐 때 함께 공부한 경험 때문에요?

네, 그때 같이 무언가 해보니까 좋더라고요. 그래서 장애인에 대한 편견이 없었던 것 같아요.

제가 선생님 나이 때는 생각도 못했을 일인데, 정말 대단하세요. 멋지십니다.

나는 수학을 못해

청호 잘 지내요? 수업 시간에는 어때요?

아…… 수학 시간에는 난 수학을 못해, 국어 시간에는 국어를 못해, 하지요.

셀프토크Self-talk를 부정적으로 하네요.

네. 거의 모든 수업 시간마다 그래요.

그 생각을 어떻게 바꿀 수 있을까요?

그래서 박성영 펜싱 선수의 리우올림픽 경기를 보여 주려고요. 근데 못했어요. 아이들이 싸워서요.

무슨 일로 싸웠는데요?

재훈이가 화가 나서 선우에게 소리를 질렀거든요. 근데 옆에 있던 청호가 재훈이에게 화를 내고 소리를 지르는 거예요. 그래서 중재하느라고 이야기를 못했어요.

싸움은 어떻게 중재할까요?

아까 선우에게 소리를 질렀다고 청호가 화를 냈죠? 근데 선생님은 어떻게 하세요?

네. 똑같이 화내지 말라고 하지요.

그럼 친구에게 소리를 질렀는데 가만히 있어야 할까요?

그건 아니죠.

똑같이 화내지 말라고 한 선생님에게 어떤 느낌이 들까요?

서운하겠죠.

네. 저라도 서운할 것 같아요. 그런데 선생님이 화내지 말라고 하신 이유가 있잖아요.

네, 똑같이 화를 내면 사이가 더 나빠지니까요.

혹시 그 친구들에게 물어보셨어요?

뭘요?

부모님이 아이들에게 소리 지른 적이 있는지요.

그걸 왜 물어봐야 하죠?

나이가 서른이건, 마흔이건 남에게 소리 지르는 어른들이 얼마나 많은지 아이들은 모르니까요.

네?

이제 고작 10살이잖아요. 화가 나니까 소리 지를 수 있죠. 그런데 화가 난다고 소리를 지르면 문제가 해결될까요?

안 되죠.

그렇죠. 어른도 화가 나면 소리 지르는데 이제 고작 10살 된 친구가 소리를 질렀다고 화를 내면 얼마나 서운할까 싶은 거예요. 다음에 화가 나면 소리를 지르는 게 나을지, 왜 화가 났는지 말해 주는 게 나을지 물어봐 주세요. 그럼 아이들은 어떤 걸 선택할까요?

왜 화가 났는지 말하는 게 낫다고 하겠죠.

지금은 화가 나서 소리를 질렀지만, 다음에 화를 내면 왜 화가 났는지 친구들에게 말해 달라고 부탁해 보세요.

그런다고 할까요?

한 번에 안 되겠죠. 어른들도 못하는 걸 10살짜리 어린애들이 잘할 리가 없겠죠. 그래도 알려 주고 기회를 주는 게 교육이 아닐까요?

솔직한 대답

1.

우리 애가 온종일 휴대폰만 봐요.

부모님은 얼마나 보시나요?

2.

우리 애가 공부는 안 하고 놀기만 해요.

부모님은 어떤 공부를 하고 계신가요?

3.

우리 애가 말을 안 들어요.

부모님은 아이 말을 잘 들어주시나요?

4.

우리 애가 책을 안 읽어요.

부모님이 좋아하는 책의 장르는 무엇인가요?

5.

우리 애가 약속을 안 지켜요.

부모님은 아이와의 약속을 잘 지키시나요?

6.

우리 애가 방 정리를 안 해요.

부모님 어릴 때는 어떠셨나요?

7.

우리 애가 가족여행은 안 가려고 해요.

부모님은 본인의 부모님과 함께 가고 싶으신가요? 가야 한다고 생각하시나요?

8.

우리 애가 운동을 싫어해요.

부모님은 숨이 찬 운동을 매일 하시나요?

9.

우리 애가 밥을 안 먹고 간식만 좋아해요.

부모님은 건강식이 좋으세요? 안주가 좋으세요?

10.

그럼 어떻게 하죠?

아이에게 바라는 대로 사시면 되죠.

차라리 절로 가겠습니다.

그냥 학교로 오세요.

왜요?

교사도 별반 다르지 않거든요. 하하.

……

네. 이렇게 대답하고 싶지만 실제로는 말하지 않습니다.^^

말 잘 듣는 아이, 말 잘 듣는 어른

말을 잘 듣는 아이가 있을까? 시키면 시키는 대로 하는 아이가 건강할까? 아이의 주체성agency을 존중해야 한다면서 정작 아이가 어른의 지시나 명령을 따르지 않으면 야단을 치는 것이 정상일까?

아이가 말을 듣지 않는다는 건 어쩌면 아이가 건강하다는 증거가 아닐까. 대체로 아이들은 말을 잘 듣지 않는다. 부모나 교사의 지시를 이해하지 못하거나, 지시대로 수행하기 어려운 과제이거나, 그 지시에서 자신이 존중받지 못한 채 통제받는다는 마음이 들 때가 많기 때문이다.

그런데 그것을 어른들은 잘 모른다. 아이를 위하는 마음에서 건넨 지시나 충고라지만 정작 아이를 생각하고 떠올린 행동은 아니라는 것을 어른들은 파악하지 못한다. 방을 치우려고 할 때 방 치우라는 말을 들으면 누구나 치우기 싫어진다. 공부하려고 할 때 공부하라는 말을 들으면 공부하기 싫어진다. 사람은 누구나 스스로 실천하고 싶어 하기 때문이다.

말을 잘 듣는 어른이 있을까? 말하면 끝까지 듣는 어른이 몇 명이나 될까? 자기 말에 귀 기울이라면서 정작 아이가 하는 말에 귀 기울이지 않는 모습이 정상일까? 아이가 말을 잘 듣지 않는다는 건 어쩌면 말을 잘 듣지 않는 어른과 함께 지낸다는 증거일 수 있다.

왜 어른들은 말을 잘 듣지 않을까? 나 역시 어른이 되어 사회에 나와서야 그 까닭을 알게 되었다. 모든 행사나 회의에서는 주로 가장 높은 지위에 있는 사람, 가장 나이 많은 사람에게 이야기할 기회를 준다. 이를 의전이라 하고, 격식이라 칭한다. 가장 낮은 지위에 있는 사람, 가장 나이 어린 사람이 이야기할 기회는 없다. 지위가 높을수록, 나이가 많을수록 '말할 기회'는 가지되, '들을 기회'는 주어지지 않는다.

그래서일까? 나이 들수록 어른은 자신보다 어린 사람의 말을 이해하지 못하거나, 끝까지 들어줄 여유가 없거나, 존중하지 않고 타인을 통제하려 들 때가 많다. 아이를 이해하지 못하고 존중하지 않는 자신의 내심을 어른은 알아차리지 못한다. 이미 마음속 깊이 내면화되어 있기 때문이다. 사람은 내 목소리에 귀 기울여 주는 사람에게 말하고 싶어 한다. 모든 아이에게는 아프면 아프다고 말할 수 있고, 힘들면 힘들다고 말할 수 있고, 어려우면 어렵다고 말할 수 있는 사람이 필요하다. 아이가 원하는 사람은 말 잘 듣는 어른이다.

모든 인간은 세상에 태어나는 순간부터 배우기 시작한다. 말과 글과 행동을 배우면서 자신의 마음을 표현한다. 생각이나 느낌을 말로 표현할수록 말이 늘고, 글로 표현할수록 글이 는다. 말하면서 듣고, 들으면서 말의 어폐를 느낀다. 시간이 지나고 기억에서 흩어지는 말에 비해 글은 더욱 그렇다. 글로 쓸수록 생각의 모순이 드러난다. 그래서 더욱 아이가 제 생각을 표현할 기회가 주어져야 한다. 말하고 쓰며 자기 생각의 부족함을 알아차릴 기회를 가져야 한다. 결국 잘 듣는 어른이 잘 듣는 존재를 길러 낸다. 경청 하나하나가 쌓여 우리 사회의 성장과 평화를 지속시키는 큰 힘이 될 테니까.

스스로 믿는 사람으로 성장하는 우리의 공간

지구 전체로 보든, 우리 사회만 보든 이미 우리는 다양한 집단과 구성원이 모여 살아가고 있습니다. 우리나라는 다양한 외국인이 공존하는 다민족·다국적 국가로 변화하고 있고, 이미 우리 교실에는 수많은 다민족·다국적 아이들이 존재합니다.

교실은 사회의 축소판과 같습니다. 다양한 국적과 문화적 배경을 가진 아이들이, 다양한 소득계층이, 성별·신체·인지·정서 측면에서 다양한 스펙트럼을 지닌 학생들이 교실이란 한 공간에 모여 있지요. 아이들을 통해 어른의 태도를 엿볼 수 있기도 합니다. 넘어진 친구의 안녕을 물어봐 주고, 자신의 잘못을 먼저 사과하는 용기를 보여 주는 아이 너머로 아이가 자라는 가정의 삶을 떠올려 봅니다. 타인을 향한 따듯한 태도가 다양한 구성원이 모인 교실의 평화를 유지하는 든든한 힘이 된다는 걸 알고 있기에 저절로 아이의 가정에 감사한 마음이 들지요.

세상에서 가장 어려운 일을 꼽으라면 어쩌면 사람을 믿는 일이 아닐까요. 부정성 편향(부정적 사건이나 정서가 긍정적인 것보다 더 강력한 영향을 미치는 경향성)이 왜 보편적 특성이라 불리는지 이해하게 되는 갈등의 상황을 많이 접합니다. 인간의 마음을 드러내는 두 가지 방식, 즉 말과 행동을 오래도록 가까이에서 지켜본 가족과 친구가 나를 잘 이해해 주는 사람인 이유이지요. 반면 말과 행동을 가까이에서 지켜보지 못한 타인이 나를 이해해 주기란 어렵습니다.

매해 3월 처음 만나는 교사와 학생이 서로를 이해하지 못하는 것은 당연한 일입니다. 서로를 이해하려면 서로를 관찰할 시간이, 서로를 이해하려는 노력이 필요하지요. 교사와 학부모는 더 이해하기 어렵습니다. 하루 8시간 한 공간에서 지내는 학생과 달리, 학부모와 만날 기회는 1년에 고작 두세 번에 불과하니까요. 그나마도 얼굴을 마주 보고 이야기 나눌 기회는 학부모 상담뿐이지요. 1년에 두세 번뿐인 학부모 상담조차 하지 못하는 경우도 많지요. 이렇듯 만난 적 없고 이야기한 적 없는 서로가 서로를 이해하기를 바라는 게 과연 타당한지 저는 의문입니다.

다양한 배경을 가진 아이들이 교실이라는 하나의 공간에 모여 있기에 갈등을 피할 수는 없습니다. 서로 재능이 다르고, 서로 성격이 다르고, 서로 환경이 다르다는 것을 친구의 존재를 통해 알게 됩니다. 나와 다른 존재와 마주하는 것만으로 지금의 나를 비춰볼 수 있습니다. 아이들은 새로운 만남과 갈등 속에서 교사의 지도와 서로의 노력을 통해 자신과 타인에 대한 이해와 성장을 일구어 나가는 거지요.

그 과정을 교실 밖에서는 알 길이 없습니다. 아이들의 성장은 아주 짧은 순간 빛나고, 그 빛나는 순간을 알아챌 수 있는 사람은 가까이에서 지켜본 교사밖에 없으니까요. 담임 교사도 모를 수 있습니다. 때로는 교과 전담 교사가, 때로는 교장 교감 선생님이 아이들의 반짝이는 모습을 발견하기도 합니다. 그 모습을 함께 나누며 교사로서의 보람을 느끼고, 일의 의미를 찾습니다.

성인이 되기 전 모든 아이는 의무교육을 받지요. 다양한 타인과 함께 어울려 살기 위해 서로를 신뢰하는 법을, 스스로 믿을 수 있는 사람으로 성장하는 법을 배우고 익히는 공간이 바로 학교여야 한다고 저는 생각합니다. 하지만 어렵습니다. 아이가 믿을 수 있는 어른을 만나기도 어렵고, 그만큼 아이를 신뢰할 수 있는 사람으로 성장시키는 일도 점점 쉽지 않습니다.

해가 갈수록 서로 혐오하고 불신하는 사회의 모습에 많은 사람이 가슴 아파하고 있습니다. 성별, 젠더, 인종, 국가, 나이, 종교 등의 차이를 차별의 근거로 삼는 어른들의 사회가 아니라, 어떤 이유로도 모든 국민이 차별받아선 안 된다는 교육기본법 제4조 1항에 어울리는 사회를 꿈꾸게 하고 함께 만들어 가는 것이 바로 교육이 해야 할 일입니다. 또한 교실에서 아이들과 함께 노력해야 할 교사의 사명이 아닐까요? 그래서 저는 인간에 대한 불신과 혐오의 시대에 맞서서 신뢰와 연대의 시대를 만드는 출발점이 우리의 학교가, 교실이 되었으면 좋겠습니다.

우리는 평범한 교사로서 때로는 현실에 맞서고, 때로는 현실의 벽 앞에 숙이기도 합니다. 있는 그대로의 교실 이야기, 학교 이야기를 통해 학생의 행복과 성장을 위해 교사와 학부모가 함께 손잡을 수 있으면 좋겠습니다. 서로를 위해 함께 힘을 합하는 교육의 주체가 되면 좋겠습니다.

이런 마음을 담아 『아이와 세상을 잇는 말공부』에서는 학생, 학부모, 교사와 나눈 우리의 다채롭고 치열한 현실 이야기를 더 많이 넣었습니다. 서로의 마음을 잇고, 모든 아이가 홀로 당당히 세상으로 나아가는 길 위에서 밑거름이 되는 책으로 쓰인다면 좋겠습니다. 더욱 마음을 다해 제 앞의 아이들을 위해, 아이들과 함께 노력하는 교사가 되겠습니다. 고맙습니다.

말공부

말공부

말공부